ALEGRIA E VITALIDADE, NÃO IMPORTA A IDADE

Ficando Melhor, não apenas mais Velho!

Suzy Allegra

ALEGRIA E VITALIDADE, NÃO IMPORTA A IDADE

Ficando Melhor, não apenas mais Velho!

Tradução
DENISE DE C. ROCHA DELELA

EDITORA CULTRIX
São Paulo

Título original: *How to Be Ageless*.

Copyright © 2002 Suzy Allegra.

Publicado mediante acordo com Writers House LLC e CelestialArts.

Todos os direitos reservados. Nenhuma parte deste livro pode ser reproduzida ou usada de qualquer forma ou por qualquer meio, eletrônico ou mecânico, inclusive fotocópias, gravações ou sistema de armazenamento em banco de dados, sem permissão por escrito, exceto nos casos de trechos curtos citados em resenhas críticas ou artigos de revistas.

A Editora Pensamento-Cultrix Ltda. não se responsabiliza por eventuais mudanças ocorridas nos endereços convencionais ou eletrônicos citados neste livro.

Dados Internacionais de Catalogação na Publicação (CIP)
(Câmara Brasileira do Livro, SP, Brasil)

Allegra, Suzy
    Alegria e vitalidade, não importa a idade : ficando melhor, não apenas mais velho! / Suzy Allegra ; tradução Denise de C. Rocha Delela. -- São Paulo : Cultrix, 2005.

    Título original: How to be ageless.
    ISBN 85-316-0919-4

    1. Auto-realização (Psicologia) 2. Envelhecimento - Aspectos psicológicos 3. Meia-idade - Conduta de vida 4. Pessoas mais velhas - Conduta de vida 5. Pessoas mais velhas - Psicologia I. Título.

05-8848   CDD-305.244

Índices para catálogo sistemático:
1. Pessoas mais velhas : Desenvolvimento pessoal : Ciências sociais 305.244

O primeiro número à esquerda indica a edição, ou reedição, desta obra. A primeira dezena à direita indica o ano em que esta edição, ou reedição, foi publicada.

Edição	Ano
1-2-3-4-5-6-7-8-9-10-11	06-07-08-09-10-11

Direitos de tradução para o Brasil
adquiridos com exclusividade pela
EDITORA PENSAMENTO-CULTRIX LTDA.
Rua Dr. Mário Vicente, 368 — 04270-000 — São Paulo, SP
Fone: 6166-9000 — Fax: 6166-9008
E-mail: pensamento@cultrix.com.br
http://www.pensamento-cultrix.com.br
que se reserva a propriedade literária desta tradução.

Impresso em nossas oficinas gráficas.

Agradecimentos

É preciso uma vila inteira para criar uma criança...e neste caso, foi preciso mais do que uma vila para dar à luz este livro. Foram muitas as pessoas que contribuíram para a sua realização — algumas diretamente, outras contribuindo para a minha própria vida. Assim, é provável que fosse preciso um outro livro para agradecer a todos que me ofereceram seu apoio e sabedoria de maneiras indiretas. Vou, porém, começar ao menos por alguns.

Em primeiro lugar, minha eterna gratidão à minha família... aos meus pais, Betty Gallagher (que Deus a tenha) e William Froug, que me concederam a dádiva da vida, o amor e as lições que modelaram minha vida e o apoio constante à minha criatividade. Ao meu padrasto, George Gallagher, que foi um grande pai para mim, pela sua insistência constante, e à minha madrasta Chris Michaels, por representar uma irmã para mim.

Meus irmãos e familiares têm sido todos eles chefes de torcida maravilhosos — Nancy Earth; Lisa, Brad e Ashley Hirano; e Jonathan, Chie, Andrew e Emily Froug. Sou especialmente grata a Jonathan por estar sempre ao meu lado — dando-me suas opiniões, sendo um grande amigo e me fazendo manter os pés no chão.

Tenho sido abençoada com muitos mentores ao longo da vida e sou muito grata a todos eles. Existem quatro, no entanto, que se sobressaíram e mantiveram-se ao meu lado nessa jornada de aprendizado acerca do envelhecimento sem idade. Antes de mais nada, um enorme "muito obrigada" a Teresa Von Braun, minha mentora espiritual, professora e conselheira, que me ajudou a encontrar meu caminho e a permanecer nele. Também agradeço o apoio e a orientação de Susan RoAne, autora de *best-sellers*; Sarah Reeves-Victory, renomada especialista em comunicação; e Randy Gage, profissional de *marketing* e redator de material publicitário.

São tantos os amigos que me ajudaram dos mais variados modos ao longo dos anos que seriam necessárias muitas páginas para mencionar a todos. Existem três, no entanto, que eu não posso deixar de mencionar. Barbara Cox, que tem sido minha defensora intrépida há mais de trinta(!) anos, desde que éramos colegas de quarto na faculdade. Sou profundamente grata por todo o apoio e amor que ela me deu. Os outros dois ajudaram-me em épocas mais recentes, oferecendo-me amizade, conselhos e assistência, mas nunca deixando de chutar meu traseiro quando necessário. Obrigada, Bob Casanova e Rick Bowers, pelo carinho e ajuda.

Eu também quero agradecer a Marisa Taylor, minha amiga e ex-aluna do primeiro grau, que me apresentou o conceito de envelhecimento sem idade quando viajávamos juntas pela Europa há alguns anos. Quando conversávamos sobre a questão do envelhecimento, ela me disse que se sentia uma pessoa sem idade (aos 27 anos). Eu percebi que era exatamente isso o que eu queria para mim também.

Sei que eu nunca chegaria ao ponto de escrever um livro sem a ajuda de dezenas de profissionais de saúde que me ajudaram a vencer a resistência armazenada em meu corpo. Quero agradecer a todos pela ajuda que me deram por meio do EMDR, da acupuntura, da terapia corporal craniossacral e de outras. Sei que cada pessoa é um ser inteiro — corpo, mente, emoções e espírito — e o trabalho numa dessas esferas sempre beneficia as outras.

Por fim, eu não podia deixar de transmitir meu agradecimento a meu maravilhoso editor — Tim Polk. Evidentemente, este livro não teria se concretizado sem a ajuda dele. Mas meu agradecimento vai além. O trabalho de edição que ele fez neste livro não poderia ter sido melhor — ele deixou meu texto muito mais fluente, sem nunca se distanciar do que eu queria dizer. Obrigada por toda a sabedoria com que você exerce a sua profissão.

Sumário

PREFÁCIO 11

INTRODUÇÃO 13

Como usar este livro 21

Deixe de Lado a Idéia do "Culto à Juventude" 23

UM: Acredite em si mesmo 25

DOIS: Fale a verdade 31

TRÊS: Viva em sintonia com os seus valores 37

QUATRO: Assuma a responsabilidade pela sua vida 44

CINCO: Tenha coragem de se assumir 49

Reconheça a Realidade como Ela é 57

SEIS: Tome consciência de quem você é 59

SETE: Aceite a inevitabilidade do envelhecimento 65

OITO: Identifique as escolhas mais sábias 70

NOVE: Respeite o seu corpo e os limites dele 78

DEZ: Reconheça e respeite as emoções que acompanham o envelhecimento 82

ONZE: Abra mão das imagens obsoletas 88

Dê as Boas-vindas à Sabedoria e às Dádivas do Envelhecimento   93

DOZE: Assuma um compromisso consigo mesmo   95

TREZE: Mantenha o alto-astral: surpreenda-se e admire-se com a vida   100

QUATORZE: Tome decisões vitoriosas   106

QUINZE: Viva o dia de hoje   112

DEZESSEIS: Destile a essência das suas alegrias   118

DEZESSETE: Elimine o que você não gosta e não pode ser mudado   124

DEZOITO: Cultive o afeto e a compaixão   130

DEZENOVE: Seja grato pelos mínimos detalhes   136

VINTE: Confiança — em si mesmo, na vida e em algo maior   141

RESUMO: O final do começo   149

Sugestões de leitura   153

Prefácio

Alegria e Vitalidade, Não Importa a Idade é um livro muito útil cujo propósito é nos inspirar e ensinar a olhar o presente e o futuro com uma atitude positiva. Suzy Allegra aproveitou sua experiência para nos ajudar a compreender o que significa Envelhecimento sem Idade.

Ao longo de todo este livro, a autora condena o culto à juventude, enfatizando sua crença de que, se quisermos ser uma pessoa sem idade, precisamos primeiro mudar nossa maneira de pensar. É preciso deixar de lado a ânsia pela juventude e adotar uma atitude de sucesso com relação ao envelhecimento. Este livro propõe às pessoas mais velhas o desafio de aceitar a idade que têm, usar a criatividade e aproveitar os anos que lhe restam pela frente.

Os gerontologistas hoje sabem que, para envelhecer com saúde, precisamos primeiro reconhecer e aceitar o fato de que estamos envelhecendo. Temos de focar os aspectos positivos do processo de envelhecimento. Este livro nos ajuda justamente a descobrir quais são esses aspectos positivos.

Fico muito feliz ao ver uma escritora assumir a tarefa de desfazer os equívocos com relação ao envelhecimento. É preciso aproveitar toda oportunidade que surge para mostrar a pessoas de todas as idades que os períodos de mudança exigem uma mudança nas nossas atitudes. Ao ler este livro, fica evidente que o que não falta à autora é conhecimento do assunto.

Susan Allegra também nos apresenta exercícios reveladores e estratégias úteis que nos levam a enfocar as áreas da nossa vida em que precisamos mudar nossa atitude.

Os leitores que se decidirem a colocar em prática o que ela ensina neste livro estarão no caminho certo para viver a maturidade com saúde e satisfação. Trata-se da leitura perfeita para as pessoas de todas as idades que não medem esforços para parecer cada vez mais jovens e apóiam o culto à juventude.

Este livro beneficiará qualquer pessoa que se dispuser a lê-lo e a aplicar suas idéias.

Dra. Melinda Ares
Gerontologista

INTRODUÇÃO

Afinal, o que significa "envelhecimento sem idade"?

Vivemos numa sociedade que tem obsessão pela juventude. Em todo lugar, vemos o culto à juventude promovendo tudo, desde carros, sopas e cigarros até músicas, roupas e telefones celulares. Tudo o que é velho é desprezado ou descartado. Tratamos os idosos da mesma maneira. Mas eu não quero ser desprezada ou descartada, nem quero ver isso acontecendo a mais ninguém.

Por quê? Porque acredito que, na condição de idosos, temos muitas dádivas a oferecer às outras pessoas — dádivas de sabedoria que acumulamos com a nossa grande experiência de vida. Também acredito que, talvez por causa do nosso fascínio pela juventude, a maioria das pessoas tem medo de envelhecer (e de morrer). Elas de fato fazem tudo o que está ao alcance delas para resistir ao envelhecimento, e conseqüentemente contribuem para agravar o problema.

Mas nem sempre foi assim. Muito tempo antes da Revolução Industrial, os idosos eram reverenciados e respeitados pelo conhecimento que têm (e nas culturas indígenas de hoje isso ainda acontece). Temos que voltar a reverenciar e respeitar os idosos na nossa sociedade se quisermos envelhecer em paz, com alegria, vitalidade e elegância, pois é importante sentir que somos valorizados pelas nossas contribuições. Esse sentimento de valorização nos traz contentamento e paz de espírito. *Se conseguirmos primeiro valorizar e respeitar a nós mesmos, seremos capazes de mudar o modo com as outras pessoas nos vêem.* É aí que entra o envelhecimento sem idade.

Ser uma pessoa sem idade, do modo como eu uso esse termo, significa reconhecer o próprio valor, de um modo que não leve em conta nossa idade — sem considerar o quanto somos velhos (ou jovens). Significa não fazer caso da aparência física e prestar mais atenção nos benefícios. Pode parecer conversa fiada, mas isso é necessário para que reconheçamos a importância de se respeitar a sabedoria dos mais velhos. Não deixe que as rugas, o cabelo branco ou o queixo duplo (a aparência física) impeçam você de valorizar as dádivas que pode oferecer. Tenha orgulho do seu conhecimento, das suas descobertas e do seu *know-how* (os benefícios). É isso o que mais conta neste mundo — não o seu rosto ou o seu corpo.

Mas nós, como cultura, caímos no conto de que nossa aparência física é o que mais importa. Eu passei muito tempo da minha vida nessa ilusão — embora soubesse que não deveria ser assim. É duro combater milhões de dólares em propaganda que alardeiam, "Viva a juventude!" Agora é hora de virar a mesa. É hora de levantar a cabeça, ter orgulho de tudo o que temos a oferecer e começar a viver do jeito que sempre quisemos, não do jeito que as lojas de grife nos dizem para viver. É isso o que significa para mim envelhecer sem idade... respeitar as qualidades que todos temos de perseverar e de dar afeto, não importa a idade que possamos ter. Isso significa deixar que esses nossos aspectos atemporais resplandeçam independentemente do que mostre a nossa aparência.

Uma definição da expressão "sem idade" seria: que aparentemente não envelhece, eterno. Essa é a qualidade que, a meu ver, todos temos *interiormente*. Ela não tem relação com nossos atributos físicos — tem relação com nossos ingredientes mentais, emocionais e espirituais. Não é isso o que *realmente* importa? Você ama sua família ou seus amigos porque eles têm cabelos lisos ou crespos, um sorriso deslumbrante ou uma pele bonita? Prefiro pensar que não. E, em algum lugar, lá no fundo do seu coração, você não acredita que eles amem você pela sua beleza interior — a sua consciência, sua compaixão, seu carinho? É *isso* o que faz de você uma pessoa sem idade.

É desafiador, eu sei. Para que suas características eternas se irradiem é preciso que você se conheça em profundidade. Em parte, significa aceitar o que está acontecendo em qualquer momento da sua vida. Isso é diferente de ser resignado, atitude que esconde um sentimento de ressentimento. Aceitação significa valorizar o que a vida lhe dá. Não temos de gostar disso, mas temos de reconhecer que existe algo que precisamos aprender ou apreciar nas circunstâncias da nossa vida. Para ser uma pessoa sem idade também é preciso que haja gratidão, paz de espírito e confiança.

Por exemplo, eu tenho crises de enxaqueca. Elas são extremamente dolorosas e eu não gosto nem um pouco delas. Mas quando as tenho, percebo que há razões para eu estar doente. Algumas dessas razões podem ser físicas e outras mentais ou emocionais. Eu aceito que estou com enxaqueca e procuro descobrir o que a causou de modo que eu possa fazer algumas mudanças positivas para evitá-la, adiá-la ou amenizá-la da próxima vez que ela vier. Eu preciso ficar longe de perfumes, não trabalhar numa empresa cuja política eu desprezo e dar a mim mesma mais oportunidades para descansar. Eu sei que ainda posso ter crises de enxaqueca mesmo tomando todas essas providências, mas também sei que estou contribuindo continuamente para a minha paz de espírito, pois estou me responsabilizando por fazer mudanças positivas na minha vida. Descobri que a insistência em fazer essas mudanças positivas faz com que as crises de enxaqueca ocorram com menos freqüência e intensidade. Sou grata por tudo de bom que existe na minha vida, mesmo quando passo por períodos de dor. Isso, para mim, é viver a vida ao máximo — independentemente da minha idade ou do estágio da minha vida. Isso é ser uma pessoa sem idade.

Acredite na sua capacidade de ser uma pessoa sem idade, aceite que a vida nunca é a mesma a cada ano que passa, mas saiba que, *ainda assim, você pode ser uma pessoa cheia de energia.* Aprenda a ser grato por tudo o que viveu no passado e pelos momentos pelos quais passa agora. Deixe de lado o culto à juventude. Não se deixe levar pelos anúncios que promovem a juventude na tentativa de vender algum produto ou serviço.

Ao mesmo tempo, diga a si mesmo a verdade. Isso significa ser completamente honesto com relação aos motivos que o levam a fazer o que faz. Em outras palavras, você está usando cremes faciais (ou malhando, etc.) para ajudar sua pele e seu corpo a se manterem nas melhores condições possíveis na idade que você tem, ou você está tentando parecer *mais jovem* do que é? O sofrimento vem quando dizemos a nós mesmos uma coisa (que estamos fazendo isso para nos sentirmos melhores), quando a verdade é algo bem diferente (queremos de fato parecer *mais jovens*). Para nos sentirmos felizes e em paz à medida que envelhecemos, precisamos reconhecer a verdade e aceitar a inevitabilidade do envelhecimento. Aceitar sua idade com elegância e com um toque de atemporalidade significa confiar na vida. Também significa ser capaz de respeitar seu corpo como ele é agora, mesmo que seja preciso mais tempo para você se recuperar depois de um esforço físico e você não possa exigir tanto dele quanto antes. Quando começa a se sentir uma pessoa sem idade, você percebe que não importa que o seu corpo precise de mais tempo para se recuperar, pois são suas qualidades atemporais o que mais importa!

Sentir-se uma pessoa sem idade também significa reconhecer as emoções que cercam a mudança e a perda. O fato de aceitar as emoções que

Introdução 17

surgem quando você aprende a aceitar quem você é atualmente permite que você deixe de lado as imagens de como você era quando jovem. É muito bom ter lembranças do passado, mas, quando elas o impedem de aceitar quem você é agora, elas tornam-se um obstáculo para a paz de espírito de que você precisa para envelhecer com bem-estar. Se assumir consigo mesmo o compromisso de enfrentar esse processo, você deixará vir à tona o sábio ancião que já existe dentro de você. Esse é um passo importante para envelhecer sem "ficar velho".

Dê a si mesmo o reconhecimento que você merece — pela sua sabedoria e realizações. Já existem idosos demais acreditando na história de que não têm muito valor e, por causa disso, sentindo-se mal com o que são e com o que têm a oferecer ao mundo. Sentir-se bem consigo mesmo é o alicerce do envelhecimento sem idade.

Por fim, sua atitude é *tudo* no que diz respeito ao envelhecimento sem idade. Muitas pesquisas já foram feitas sobre a importância da atitude positiva para a recuperação da saúde. Também já se provou que a atitude positiva é uma das características mais importantes para a longevidade. Aproveite seus anos dourados contemplando as maravilhas da vida ao seu redor e cultivando a relação de afeto com a sua família, amigos e/ou animais de estimação. Quando conseguir aceitar com alegria as dádivas do envelhecimento, você será capaz de sentir o que é ser uma pessoa sem idade. E, quando você receber de braços abertos o que a vida lhe reserva, envelhecendo com alegria, vitalidade e elegância, você também será capaz de dar sua contribuição às gerações futuras — a dádiva de saber que elas também poderão ser respeitadas e reconhecidas pelo valor que têm. Eis um presente eterno para uma pessoa sem idade!

Eu sei — entender esses conceitos é simples, mas vivê-los é outra história. É por isso que eu escrevi este livro: para apresentar a você o conceito do envelhecimento sem idade e para lhe mostrar — com termos e maneiras bem específicas — como colocá-lo em prática.

Como usar este livro

Embora este livro siga uma certa ordem, que fez sentido para mim, é importante que você o use de um modo que funcione bem para você. Você pode lê-lo até o fim ou pode pular para o meio ou para o fim, indo direto ao capítulo que mais lhe interessar. Este livro pode ser um manual, mas *assuma você mesmo o papel de guia* — que, neste caso, significa confiar nos seus instintos ou intuição. Se alguns dos temas não estiverem de acordo com a sua experiência ou crenças, não deixe que isso o impeça de conhecer as informações transmitidas nos outros capítulos. Eu acredito que, quando pegamos um livro na mão e nos interessamos por ele, por qualquer razão, pelo menos uma ou duas coisas significativas aprendemos com ele. Deixe que este livro dê a você o apoio que você merece para apreciar a sua vida e descobrir as maravilhas do envelhecimento sem idade.

Deixe de Lado a Idéia do "Culto à Juventude"

UM

Acredite em si mesmo

Para deixar de lado o "culto à juventude", você primeiro tem de acreditar em si mesmo. Isso significa ter uma boa dose de autoconfiança. Acreditar no seu valor como um belo ser humano. Você não precisa ser o número um em coisa nenhuma para se sentir bem consigo mesmo. Se você é uma pessoa gentil e prestativa, já está bom. Se não consegue acreditar no seu próprio valor, você vai achar difícil fazer valer seus direitos e defender o que você acha certo, justo e honesto. Você não conseguirá combater a atitude cultural predominante com relação aos idosos.

Tenho de admitir, ao longo dos meus cinqüenta e poucos anos, já passei por vários graus de amor-próprio. Quando eu estava prestes a fazer 50 anos, comecei a acreditar, mais do que nunca, em mim mesma e na minha capacidade de levantar a voz em minha própria defesa, nos relacionamentos pessoais. Poucas semanas antes de fazer 50 anos, comecei a me expressar de modos como nunca tinha me expressado antes. Foi muito divertido! Eu sempre fora muito decidida nos relacionamentos com pessoas pouco próximas, mas também passei a demonstrar muito mais firmeza nos relacionamentos mais profundos. Minha autoconfiança era enorme. Minha felicidade aumentou porque passei a cuidar melhor de mim mesma expressando o que não me agradava. Eu sabia que algo podia ser feito para vencer as dificuldades, porque eu finalmente passei a falar das minhas necessidades.

"Acredite que a vida vale a pena e a sua crença ajudará a fazer disso uma realidade."
— William James

Contudo, logo depois de entrar na casa dos 50, percebi que essa autoconfiança começou a diminuir um pouco. E isso tinha a ver com meu corpo físico. Embora eu já tivesse começado a notar o surgimento das rugas há algum tempo, elas nunca tinham chegado a me incomodar. Mas, depois dos 50, não só passei a notar as rugas como também a flacidez embaixo dos braços e as linhas no pescoço. Comecei a me sentir menos atraente. Apesar disso, passados alguns meses, depois de encontros relativamente inócuos com dois sujeitos, percebi que não era a minha pele, mas minha atitude diante da vida, minha receptividade e minha afetividade que faziam de mim uma pessoa atraente. Em duas ocasiões diferentes, um homem e uma mulher com idade suficiente para serem meus filhos vieram me cumprimentar pela minha beleza. Percebi que eles não estavam se referindo à minha aparência. Eles tinham notado meu sorriso e meu jeito caloroso. Essas duas pessoas me ajudaram a recordar a autoconfiança que eu tinha antes. O fato de eu ter deixado de cultuar a juventude (e a beleza) foi bom para mim, pois, do contrário, eu poderia ter perdido toda a confiança em mim mesma.

Acreditar em si mesmo significa acreditar no bem que existe dentro de você, não no fato de você parecer ou não tão esbelto, atraente ou *sexy* quanto uma mocinha ou garotão. Isso tem mais a ver com a crença no seu valor interior... na sua simpatia e interesse pelas outras pessoas. Embora a nossa auto-estima seja cheia de altos e baixos — ela aumenta e diminui de uma hora para outra —, se você tiver plena consciência do seu valor, poderá enfrentar os momentos em que não se sentir tão bem consigo mesmo *sabendo* que você é uma pessoa legal mesmo nos dias em que acorda com o pé esquerdo.

Quando estamos na adolescência, aprendemos a acreditar que só os jovens conseguem emprego e têm sucesso no amor e na vida. A verdade é que a juventude pode ser uma época bem difícil. São tantos os medos que assombram os jovens e adolescentes: O que vou fazer da minha vida? Vou ter sucesso? Algum dia vou me casar? Terei filhos? Vou me mudar para outra cidade?

Essas perguntas, embora nunca se calem completamente, parecem menos importante com o passar dos anos. Se empreendermos uma busca espiritual profunda, descobriremos que podemos sobreviver a tudo isso, que não existe vida totalmente perfeita ou feliz e que podemos gostar de nós mesmos independentemente da nossa idade. Descobrimos que, mesmo depois de passar de uma certa idade, ainda podemos ter um bom emprego, bons relacionamentos e muita diversão.

Exercício para acreditar em si mesmo:

• Você acredita em si mesmo? Você tem confiança na pessoa que é? Pense a respeito e/ou anote por escrito exemplos que apóiem seu ponto de vista. Muitas pessoas que eu conheço dizem, "Ah, eu tenho autoconfiança. Acredito em mim mesmo", mas, quando eu observo o que fazem e ouço o que dizem, descubro a verdade mais profunda — que é o oposto do que elas afirmam.

• Você acha que tem uma contribuição importante a fazer ao mundo, não importa quantos anos tenha? Não estou falando apenas de grandes contribuições, como descobrir a cura do câncer. Estou me referindo a qualquer coisa — ajudar na criação de uma criança, dar apoio a outras pessoas e lhe demonstrar sua amizade, criar um espírito de equipe no trabalho.

• Você acha que a sua beleza (valor) está além das aparências? Esse é um teste que comprova se você realmente deixou de lado o culto à juventude.

Estratégias para encontrar soluções:

• Se, depois de responder ao teste honestamente, você chegou à conclusão de que não tem a confiança que o ajudaria a envelhecer com dignidade, é hora de empreender uma busca espiritual. Existem vários modos e métodos para se fazer isso. Antes de fazer qualquer coisa, no entanto, sugiro que experimente o exercício a seguir, que à primeira vista pode parecer bem fácil, mas traz uma certa dificuldade: (a) consulte dez parentes ou amigos próximos — quanto mais melhor — e peça que lhe digam, pelo telefone (enquanto você anota), ou enviem por fax ou e-mail dez palavras que descrevam suas características positivas. (b) Leia essas listas diariamente, pela manhã e à noite. Isso pode ser difícil porque a maioria das pessoas que não confiam em si mesmas não suporta ouvir coisas boas a seu próprio respeito.

Depois de fazer esse exercício várias vezes, você pode continuar exercitando sua autoconfiança das seguintes maneiras:

- Aprenda a fazer diariamente afirmações (também chamadas de terapia comportamental cognitiva) e visualizações (narrativas mentais),
- Leia livros e assista a palestras de auto-ajuda e
- Procure um terapeuta, psicanalista, padre, pastor ou grupo que promova o crescimento pessoal.

- Se você acha que não tem nada a oferecer ao mundo, faça o exercício acima e pergunte aos seus amigos e familiares o que você tem feito por eles, por outras pessoas ou pelo mundo. Então vá a uma biblioteca e pergunte se pode ajudar a ensinar pessoas que não saibam ler direito ou ofereça-se como voluntário em organizações de seu interesse, sem fins lucrativos.

- Se você não consegue acreditar que a beleza está além das aparências, leia a respeito de pessoas idosas que acreditaram em si mesmas ou veja fotos delas. Alguns exemplos: a célebre pintora Grandma Moses, o ex-presidente dos Estados Unidos Jimmy Carter, Madre Teresa de Calcutá. Enquanto você aprecia as fotos dessas pessoas, olhe para os

"Não ficamos nem melhores nem piores à medida que o tempo passa; ficamos mais como nós mesmos."
— May Lamberton Becker

olhos delas. Pode ver o brilho que está muito além de qualquer ruga que possam ter? Repare na paz que eles irradiam. A beleza dessas pessoas está muito além das aparências.

Reflexões finais

Sem autoconfiança e crença em si mesmo, o envelhecimento continuará sendo um flagelo para você. Nem as cirurgias plásticas conseguirão dissipar a tensão causada por essa falta de autoconfiança. Comece agora mesmo a reparar em tudo o que você faz pela sua família, pelos amigos e pela comunidade. Lembre-se de que a sua beleza está estampada no fundo dos seus olhos, em quem você é e no que você dá aos outros. Ela não está na sua aparência.

"Não há nada mais extenuante na vida do que a insegurança."
— Anne Morrow Lindbergh

DOIS

Fale a verdade

À medida que envelhecemos, fica mais difícil dizer aos outros a verdade. Às vezes dizemos a nós mesmos que estamos fazendo alguma coisa (usando cosméticos, fazendo uma plástica no rosto ou fazendo musculação, por exemplo) porque queremos estar com a melhor aparência possível aos 50 ou 60 anos. Mas, na verdade, o que queremos é parecer mais jovens do que somos; não aceitamos a idade que temos.

Às vezes, olhamos no espelho e nos achamos gordos, feios e burros quando não somos. Eu fiz isso durante grande parte da minha vida. Foi na metade da casa dos 30 que eu consegui acreditar no meu valor e dizer a mim mesma a verdade sobre minhas qualidades positivas. Eu mudei meu modo de pensar, literalmente. Reprogramei minha mente usando afirmações e visualizações positivas.

Se você quiser ficar feliz com a idade que tem (e você vai envelhecer de um jeito ou de outro), seja honesto consigo mesmo com respeito a quem você realmente é e aos motivos que o levam a fazer o que faz.

Tenho uma conhecida que é professora de ginástica. Ela fez recentemente uma cirurgia plástica. Antes de se decidir, conversou com a família, com amigos e com clientes e disse com toda honestidade, "Preciso fazer isso para melhorar minha auto-estima. As pálpebras caídas me dão um ar de cansaço. Quero parecer e me sentir uma pessoa tão cheia de vitalidade quanto acredito que eu seja. Nunca vou mentir quando elogiarem minha aparência. Não ligo de dizer que dei uma esticadinha aqui e ali!" Ela foi honesta ao confessar que precisa da cirurgia plástica para melhorar sua auto-estima. Não mentiu sobre isso nem tentou esconder a plástica.

O importante não é *o que* você faz para se sentir melhor, mas *por que* você faz. Tenha certeza de que você está perfeitamente consciente da razão por que está fazendo algo e nunca esconda a verdade de si mesmo.

Falar a verdade também significa lembrar-se da juventude pelo que ela foi... não pelo que os anúncios modernos fazem com que ela seja. Juventude nem sempre foi sinônimo de aparência *sexy*, *glamour*, despreocupação ou liberdade para ter vários parceiros. Em geral, o jovem não tem uma vida financeira tão independente quanto nos fazem crer os anúncios publicitários. Você se lembra dos seus vinte e poucos anos? Eu me lembro. Recém-casada, começando uma nova carreira, tentando ser a esposa perfeita, uma boa professora, etc. Eu confiava nas minhas capacidades? Não. Achava que eu era atraente ou inteligente? Não. Acreditava que estava fazendo um excelente trabalho? Eu sabia que estava dando tudo de mim, mas também sabia que às vezes dava mais importância ao que não estava fazendo direito, em vez de enfocar meu lado positivo. Isso lhe parece familiar?

Na casa dos 20 anos, a maioria de nós está tentando ser quem e o que *acha* que deve ser, mas não tem a autoconfiança que acompanha os anos de experiência. Estamos tentando impressionar os outros e a nós mesmos. Preocupamo-nos com o que os outros, o nosso chefe, os nossos amigos e conhecidos vão pensar ou dizer. Vestimo-nos conforme os ditames da indústria da moda. Não usamos bermudas em concertos de música clássica nem gravata em churrascos, etc., pois nos ensinaram que não se deve cometer gafes como essas. Isso é felicidade? Viver de acordo com regras e rituais criados por outras pessoas para nos restringir? Isso nos serve de base para aceitarmos a nós mesmos? A resposta é "não". Se vivemos tentando obedecer a todas as regras que nos são impostas, não é de surpreender que tenhamos tanta dificuldade para aceitar o envelhecimento. Provavelmente crescemos não aceitando quem e o que éramos.

Hoje, vivemos numa sociedade obcecada pela juventude. Olhe os anúncios publicitários (com exceção daqueles cujo público-alvo são as pessoas mais maduras). Você consegue ver algum modelo com mais de 35 anos? Somos bombardeados com a beleza, a aparência *sexy* e o su-

> *"Você nunca descobre quem você é enquanto não encara a verdade."*
> — Pearl Bailey

cesso da juventude. Se nos compararmos com esse ideal, estamos fadados a ser cada vez mais infelizes à medida que envelhecemos. Podemos até fingir ter auto-estima. Mas, se acreditarmos no culto à juventude, nunca estaremos satisfeitos com o que somos no momento. Teremos de começar a mentir para nós mesmos.

Fale a verdade para si mesmo. Você não é mais tão jovem quanto costumava ser. Já tem rugas e cabelos brancos. Mas você já parou recentemente para pensar na parte mais importante do seu corpo — sua mente? Você é um pouco mais sábio agora? Tem mais confiança em si mesmo e nas suas capacidades? À medida que envelhecemos, em geral desenvolvemos a autoconfiança que nos faltava na juventude. Isso já não é algo valioso? Nossa cultura não valoriza esse tipo de coisa, mas outras culturas valorizam e antigas culturas certamente valorizavam a sabedoria dos mais velhos. É hora de voltar a valorizar essa sabedoria. O único modo de isso acontecer é começarmos, nós, os mais velhos, a nos valorizar do jeito que somos agora.

> *"O tão cobiçado troféu da eterna juventude não passa de um desenvolvimento interrompido."*
> — Edgar Lee Masters

Hoje, aos 52 anos, sinto-me melhor comigo mesma e com a minha vida do que em qualquer outra época da minha vida. Mesmo quando as coisas não caminham do modo como imaginei ou quando me entristeço com alguma coisa, ainda assim sou mais feliz agora do que jamais fui. Depois de anos não acreditando em mim mesma e esperando que "algum dia..." eu conseguisse chegar aonde queria — a felicidade —, eu finalmente percebi que a felicidade não é o ponto de chegada de nenhuma jornada. É a própria jornada. Nesse ponto eu consegui confessar a verdade sobre minhas pelancas, rugas e outras imperfeições e saber que a minha vida era o que eu tinha feito dela.

Depois que deixamos de cultuar a juventude, podemos dizer a nós mesmos a verdade sobre quem e o que somos. Podemos sentir falta de alguns atributos do passado (mais vigor físico, uma memória melhor, um corpo mais jovem), mas também podemos ver o que adquirimos ao longo dos anos (confiança, experiência, sabedoria). Quando você começa a valorizar os seus dons verdadeiros, você passa a sentir na pele o que significa ser uma pessoa sem idade. Ninguém mais pode fazer isso acontecer, exceto você. Assuma a responsabilidade por mudar sua perspectiva e reconheça a pessoa sábia e maravilhosa que você é.

Exercício para dizer a verdade:
Responda a estas perguntas honestamente:
- Eu tento me comportar como se fosse mais jovem do que sou de fato? Por quê?
- Quem estou tentando impressionar? Ou quem estou tentando enganar? Ou com quem estou querendo me entrosar?
- Eu costumo pensar mais naquilo que não tenho? Naquilo que não posso fazer? Naquilo que não faço direito?
- Eu acho que a vida era melhor quando eu era jovem? Por quê?
- Eu realmente valorizo minha sabedoria? (Se você não valoriza, ninguém mais valorizará.)

Estratégias para encontrar soluções

- Se você se surpreender tentando parecer mais jovem do que é, pergunte a si mesmo, "O que estou tentando recuperar agindo desse jeito?", "Quem estou tentando ludibriar?", "Por que não posso fazer o que quero, agir como quero e ainda assim ser feliz com a idade que tenho?"
- Se descobrir que está querendo impressionar, enganar ou se entrosar melhor com certas pessoas, converse com elas honestamente, se possível. Fale quem você realmente gostaria de ser. Se elas forem pessoas sinceras e afetuosas, gostarão de você pelo que você é, não pelo que está tentando ser. Você, por outro lado, começará lentamente a fazer as mudanças que quer e observar a reação dessas pessoas. Talvez esse não seja um problema de fato.
- Se você só tem olhos para o negativo, consulte o capítulo sobre atitude (Capítulo 13).

Reflexões finais

Se você não consegue deixar de acreditar que a vida era melhor quando você era jovem, você resistirá ao processo de envelhecimento. O uso de afirmações e/ou a consulta a um conselheiro, mentor ou membro do clero ajudará você a descobrir o valor da sua própria sabedoria. Qualquer um que acredite que o presente é a melhor época da sua vida e que é sincero consigo mesmo com relação à própria sabedoria, tem o ingrediente necessário para envelhecer sem "ficar velho".

TRÊS

Viva em sintonia
com os seus valores

Um dos melhores modos de ajudar a si mesmo a deixar de cultuar a juventude é ser fiel aos seus próprios valores, àquilo que é mais importante para você. Isso significa tomar *consciência* de quais são esses valores e *reexaminar* seu comportamento. Por exemplo, você pode afirmar que sua saúde é importante, mas constatar que nunca parou de fumar. Ou a sua saúde não está entre seus valores mais profundos ou seu comportamento contradiz seus valores e, portanto, você não está vivendo em sintonia com eles. Às vezes você vive parte da vida em concordância com seus valores e em discordância no que se refere a outras áreas. O objetivo, contudo, é que você se comporte de um modo que esteja em sintonia com seus valores mais importantes em todas as áreas da vida.

Deixe de lado a idéia do "culto à juventude"   37

Quando você vive em sintonia com seus valores, é muito mais fácil perceber que a juventude *não é* o mais importante e que essa idéia é uma ilusão criada pelo mercado e promovida pela mídia para aquecer as vendas e incentivar o consumismo. No entanto, quando você tem uma idéia clara de quais são os seus valores e *age* de acordo com eles, o envelhecimento sem traumas passa a ser uma conseqüência natural. Você *sabe* que o que está fazendo é o melhor para você e, por isso, fica menos propenso a cultuar a juventude. Quando você está absolutamente consciente dos seus valores e age de acordo com eles, a vida passa a ter sentido. Você sente prazer em perseguir seus objetivos, a viver a vida com propósito. Você se torna, num certo sentido, uma pessoa sem idade.

Quando seus atos estão em sintonia com os seus valores, a vida também fica mais cristalina. Você sabe que rumo tomar. É mais fácil fazer escolhas que o beneficiem. Você tem um raciocínio claro, uma consciência que o orienta. Como disse Jiminy Crickett, da Walt Disney, "Deixe que a consciência seja o seu guia". Sua consciência é o que determina seus valores verdadeiros. Quando sua consciência e seus atos estão em harmonia, você sabe que o que está fazendo é bom para você.

Originalmente, adotamos os valores de nossos pais, de outros adultos importantes para nós, de nossos amigos, da nossa religião e da nossa cultura. Costumamos aceitar esses valores sem questionar se servem ou não para nós. Às vezes, podemos adotar valores opostos como uma forma de rebeldia. Muito poucas pessoas reservam um tempo, durante a vida, para parar e pensar sobre o que é verdadeiramente importante para elas, sem que antes algo traumático lhes sirva como catalisador.

Esse acontecimento traumático em geral é uma perda — do emprego, de um dos pais, do cônjuge, de um filho ou da saúde de um ente querido ou da nossa própria. Essa perda em geral nos leva a examinar nossos valores mais profundos. Quando começamos a ver como a nossa vida diária é preciosa, começamos a reconhecer nossos valores e a nos preocupar mais em ser felizes com o que temos e com o que somos no momento.

Aos vinte e poucos anos, eu não tinha objetivos. Só sabia que eu queria ser *a melhor* — a melhor esposa, a melhor professora, a melhor amiga e a melhor filha. Contudo, eu não sabia como conseguiria tudo isso, pois essas não eram metas nem valores verdadeiros. Embora eu valorizasse o trabalho duro e desse tudo de mim (em geral à custa de mim mesma), eu me contentava em viver a vida sem pensar muito a respeito dela. Foi apenas depois que me divorciei e abandonei a profissão segura e estável de professora que comecei a reavaliar a minha vida, entender o que eram valores e objetivos e começar a planejar e viver uma vida satisfatória.

Não devemos nos culpar por não ter os mesmos valores que os nossos pais, que a nossa religião ou que a sociedade cultiva. Temos de ficar felizes com o que somos, com o que fazemos e com a maneira como gastamos nosso tempo e nosso dinheiro. Se nossa família ou nossos amigos não conseguem nos aceitar porque estamos agora vivendo em concordância com nossos valores mais profundos (e não com os deles), então temos de deixá-los ser o que são e continuar a fazer o que é certo para nós. Nada impede que continuemos a nos relacionar e a manter contato com aqueles que têm valores diferentes dos nossos, mas não temos que ir contra o que achamos melhor para nós. Viver em sintonia com os nossos valores nos ajuda a ser uma pessoa sem idade, porque sentimos uma profunda paz de espírito quando sabemos que estamos fazendo o que é melhor para nós.

> *"Uma pessoa não fica velha enquanto seus arrependimentos não tomam o lugar de seus sonhos."*
> — John R. Noe

Mudança de valores

Nossos valores em geral vão mudando à medida que os anos passam. Quando estamos na casa dos 20 ou 30 anos, damos mais prioridade à estabilidade financeira do que à convivência com a família. Nessa época, ficamos mais propensos a acreditar nas campanhas publicitárias que nos dizem que seríamos mais felizes, mais atraentes e mais cheios de vida se comprássemos o produto x, y ou z. Os valores da juventude nem sempre são os mais saudáveis, do ponto de vista emocional. Por exemplo, um dos valores da juventude costuma ser a satisfação imediata — "Compre agora!" Será que é sempre melhor comprar o produto na hora, mesmo que isso signifique contrair uma dívida pesada no cartão de crédito? Ou é melhor esperar até que você possa custear algo melhor para o seu caráter em formação?

A aquisição de bens também parece ser um valor da juventude. Se você continuar a valorizar a aquisição de *coisas* em vez de aceitar e viver a vida com o que você tem agora, é possível que acabe resistindo à idéia de envelhecer. Embora seja muito bom lutar por uma vida melhor, se você não está feliz com o que tem agora, é muito improvável que fique feliz com suas novas aquisições. Em geral, as pessoas que valorizam o acúmulo de bens nunca estão felizes com o que têm. Elas sempre querem mais. Que ligação isso tem com o envelhecimento? A semelhança é a seguinte: se você vive querendo ser uma coisa que não é (mais jovem, por exemplo), achará muito difícil apreciar o que a vida lhe dá agora, na idade que você tem. A idéia principal é a de que você será cada vez mais feliz à medida que valorizar quem e o que você é *agora*.

Quando você se aceitar, poderá se valorizar. Você passará a sentir um contentamento que trará paz de espírito. Quando você sente a satisfação de estar em sintonia com seus valores mais profundos, sabe que está vivendo com um propósito. Essas são as qualidades do envelhecimento sem idade.

Exercício para viver em sintonia com seus valores:
• Escreva rapidamente as cinco coisas que você mais valoriza. Não perca muito tempo pensando nisso. Tome nota do que lhe ocorrer primeiro. Em seguida, acrescente mais cinco itens à lista.
• Você está vivendo de acordo com seus valores mais elevados? O que o leva a achar que está ou não está? (Consulte a seção das "Estratégias", logo a seguir, para ter uma dica.)

- Quais os valores que, embora você tenha adotado, *não* são seus? De quem eles são? De onde eles vêm? O que você pode fazer para começar a mudar sua vida e deixá-la em sintonia com os seus valores?

Estratégias para encontrar soluções:
- Se você não conseguiu descobrir pelo menos cinco coisas que são extremamente importantes na sua vida, experimente fazer o seguinte: Escreva a frase, "_____ é *bom*". Tente completar a lacuna com cem coisas que, na sua opinião, sejam boas. Com essa lista na mão, procure, entre essas cem coisas, aquelas com que você poderia completar a frase, "_____ é *importante*". Escolha 25 itens. Desses, escolha os cinco ou dez valores mais importantes.
- Para saber se você está ou não vivendo de acordo com seus valores, dê uma olhada nas respostas da sua primeira lista. Depois abra seu talão de cheques, pegue a fatura do seu cartão de crédito e sua agenda. Se você está gastando a maior parte do seu tempo e dinheiro com os itens que você *considerou* seus principais valores, isso significa que você está vivendo de acordo com eles. Caso contrário, é preciso que você mude um deles (ou os valores que considerou importantes ou o modo como gasta seu tempo e dinheiro), para que comece a viver em sintonia com eles.
- Se perceber que está vivendo de acordo com os valores de outra pessoa, talvez fique preocupado com a idéia de fazer uma mudança radical imediatamente. Se esse for seu caso, divida em partes ou etapas menores essas mudanças que gostaria de fazer. Por exemplo, se você constatar que, na igreja que freqüenta, as pessoas não cultivam o amor, que é um dos seus valores mais profundos, você pode começar

> *"A velhice é como qualquer outra coisa. Para fazer dela um sucesso, você precisa começar cedo."*
> — Fred Astaire

escrevendo todas as alternativas possíveis. Depois defina as providências que precisa tomar para encontrar um meio de satisfazer suas necessidades espirituais. Fazendo isso, você talvez descubra um meio de conseguir o que deseja, em vez de simplesmente abandonar a igreja, sem antes descobrir que alternativas tem.

Reflexões finais

Você deixará rapidamente de supervalorizar a juventude quando passar a valorizar você mesmo e a viver sua vida em sintonia com seus valores mais profundos. Você sabe que está deixando que sua consciência seja seu guia e está sendo *verdadeiro consigo mesmo*. Isso, por sua vez, cria um sentimento de paz interior. Essa paz interior é uma parte do processo de envelhecimento sem idade.

"Lembre-se, quando você está descendo a ladeira, começa a pegar velocidade."
— Charles Schultz

QUATRO

Assuma a responsabilidade
pela sua vida

❧

Se quer viver como uma pessoa sem idade, é importante assumir a responsabilidade pela sua própria vida. Isso significa que, nas ocasiões em que os acontecimentos seguirem um curso que você não esperava, você precisa ver qual é a *sua* responsabilidade e não só a das outras pessoas, coisas e circunstâncias envolvidas. Se você costuma jogar a culpa nos outros e fazer o papel de vítima, seu desafio é ver — com honestidade e franqueza — com que você contribuiu para que as coisas tomassem esse rumo inesperado. Se você tende a se responsabilizar demais por tudo e sempre se culpa por tudo o que acontece, sua tarefa é verificar as outras variáveis presentes que causaram a situação — estudando o caso a fundo e evitando achar que é o único culpado.

No começo da vida, eu sempre me culpava por tudo. Mesmo quando eu era apenas uma testemunha dos acontecimentos, teimava em achar que tudo tinha sido culpa minha. Imagine viver sentindo culpa, tristeza e pesar! É absolutamente exaustivo e desanimador. Não surpreende que eu não tivesse auto-estima. Quem teria, se se considerasse o causador de *todos* os problemas do mundo?

Aos poucos, descobri que nem todas as situações negativas eram culpa minha. Percebi que toda situação tem, pelo menos, dois lados, quando não tem vários fatores que contribuem para que ela exista. Essa constatação me ajudou a dar um fim no tormento interior em que eu vivia e a optar por *responder* de uma maneira que levasse em conta ambas (ou todas) as partes. Aprendi como ser responsável (ou como saber responder) de uma maneira diferente.

> *"Aproveite cada momento; a vida não passa de um breve verão."*
> — Samuel Jackson

A responsabilidade divide-se em duas partes. A primeira é a definição típica — perguntar a si mesmo, "Qual a minha participação nisso? Que escolhas e decisões eu fiz e que me levaram a viver essa situação?" Em outras palavras, não culpe nada nem ninguém por uma situação. Existem influências e variáveis que estão além do nosso controle, é claro, mas não é culpando algo ou alguém por algo que aconteceu que você vai assumir o controle da sua vida.

Quando sente que as coisas fogem do seu controle, você fica bem mais insatisfeito com a vida, pois sente que está nas mãos das outras pessoas. Quando você começa a se comportar como se tivesse escolhas (e você tem), você se sente mais no controle das situações. Quando algo dá errado, você pode ver com que você contribuiu para que aquilo acontecesse. Se você quer ser uma pessoa sem idade, precisa perguntar a si mesmo: "O que eu posso aprender com essa situação?" ou "Que bênçãos posso receber com essa reviravolta nos acontecimentos?"

Quando faz isso, e aprende com a situação, seja ela boa ou ruim, você continua a crescer e muda sua vida para melhor. Esse é um importante aspecto do envelhecimento sem idade — aprender seja lá com o que for, para melhorar a sua vida (e, por tabela, a das pessoas à sua volta). Isso é simples, mas não é fácil de fazer. Até que se torne um hábito, é preciso que façamos um certo esforço para não pensar de outro modo, mas o esforço vale a pena. Você ganha paz de espírito e um sentimento de gratidão.

> *"Nada envelhece tanto as pessoas quanto não pensar."*
> — Christopher Morley

A segunda parte da responsabilidade — que ajudará você no processo de envelhecimento sem idade —, é a "capacidade de responder", ou seja, quando você *escolhe* como quer responder a uma situação. Ao responder de uma maneira que o beneficie e que leve em conta as outras pessoas envolvidas, você está mostrando que tem responsabilidade, ou seja, "capacidade para responder".

Responder e reagir são coisas diferentes. A reação é um comportamento automático, inconsciente. Podemos, a princípio, sentir raiva ou tristeza quando ouvimos algo. Essa é a nossa reação. Mas é o que fazemos com essa reação que se torna a nossa resposta. Nossas respostas são, portanto, as *decisões conscientes* que fazemos. Em outras palavras, não podemos controlar nossa reação inicial (emoção), mas podemos controlar nossa resposta subseqüente (ação).

Quando há uma mudança no curso dos acontecimentos, você responde com elegância? Você pode ter uma reação forte, mas consegue assumir sua posição explicando calmamente quais são seus sentimentos e pensamentos e mantendo uma postura gentil? É importante que você respeite seus sentimentos, em vez de negá-los. Mas é igualmente importante fazer isso de uma maneira que demonstre também seu respeito pelos outros.

Exercício para assumir a responsabilidade pela sua vida:
- Como você costuma responder quando algo dá errado? Você em geral faz o papel de vítima, culpando as outras pessoas, a situação ou os acontecimentos? Você sempre se vê sentado no banco dos réus, mesmo quando há outras pessoas envolvidas, e se torna uma vítima de si mesmo? Seja qual for sua resposta típica, perceba que a responsabilidade nunca é apenas sua.
- Reporte-se a um acontecimento recente que não tenha seguido o curso que você esperava. Você foi capaz de aprender algo com a situação? Tem consciência das decisões e escolhas que contribuíram para criá-la? Caso a resposta seja não, procure tomar consciência agora. Toda situação traz em si uma lição. Aprender e se aperfeiçoar é um sinal de que você está agindo como uma pessoa sem idade.

> *"Os Anos Dourados não ficaram para trás; estão bem diante de nós."*
> — Saint-Simon Louis de Rouvroy

Estratégias para encontrar soluções:

- Se a resposta típica for culpar os outros, da próxima vez que isso acontecer, pergunte a si mesmo, "Qual é a *minha* responsabilidade nesse caso? Que decisões tomei para criar essa situação?"
- Se a sua resposta típica for arcar com toda a responsabilidade, pergunte a si mesmo, "Quem (ou o que) mais está envolvido nessa situação? Como essas pessoas (ou coisas) contribuíram para criá-la?"
- Se você tem dificuldade para aprender com as situações imprevistas ou com seus próprios erros, anote esta pergunta em dois cartões em branco: "Que lição posso tirar dessa situação?" Coloque um dos cartões sobre a sua escrivaninha, no trabalho, e o outro na porta da sua geladeira. Reflita sobre essa pergunta sempre que necessário.

Reflexões finais

Para ser uma pessoa sem idade, responda às circunstâncias que estejam abaixo das suas expectativas reconhecendo seus sentimentos e dividindo a responsabilidade com todos os envolvidos. Exercite sua "capacidade de responder" e opte por respostas que beneficiem você e as outras pessoas.

CINCO

Tenha coragem de se assumir

❧

Para desistir da idéia de cultuar a juventude, você tem de ter coragem de se assumir. Isso significa que tem de ser capaz de ir contra as tendências da mídia, da sociedade e até, talvez, dos amigos e familiares, para defender sua convicção de que o envelhecimento é uma experiência bela e positiva. Pode ser preciso anos e o apoio da maioria dos idosos para reverter a aura de negatividade que cerca o envelhecimento retratado na mídia, mas isso *certamente* acontecerá e você poderá estar na vanguarda desse movimento, caso tenha coragem de se assumir de várias maneiras.

Em primeiro lugar, assuma-se acreditando que o envelhecimento é um processo duplo. O envelhecimento é (1) o processo de se tornar mais franco consigo mesmo, de ser mais quem você é de fato, e (b) o processo de se tornar mais belo, pois, quando você começa a ser você mesmo, você sente prazer com o sentimento de liberdade que brota quando você vive do jeito que quer. Quando você começa a crer que a beleza está além das aparências, sua confiança cresce automaticamente, pois você sabe que seu valor vai muito além da sua "embalagem".

Em segundo lugar, você pode se assumir defendendo o que acha que é correto, honesto e necessário para o seu próprio bem. Por exemplo, se o médico diz que você precisa fazer uma operação, e você tem preferência por um procedimento menos agressivo, você precisa ter coragem para assumir isso. Como? Nesse caso, procurando uma segunda ou terceira opinião. Procurando satisfazer suas necessidades, você assume o controle da sua vida. Você percebe que é o único responsável por ela, e isso traz paz de espírito.

Em terceiro lugar, você precisa ter a coragem de se assumir fazendo as mudanças necessárias na sua vida para envelhecer com saúde — adotando uma alimentação saudável, fazendo exercícios e/ou tomando vitaminas e outros suplementos. Não espere tratar seu corpo com desrespeito e envelhecer com saúde. Essa não é uma expectativa realista.

No relacionamento com as outras pessoas

Houve épocas em que era mais apropriado ser uma pessoa passiva e outras épocas em que a agressividade trazia mais vantagens. O mais comum é ver pessoas respondendo às situações com um desses dois extremos, embora o meio-termo seja a melhor opção. Às vezes, precisamos deixar que a outra pessoa siga o seu caminho, mas, antes, temos de expor o que, na nossa opinião, é o melhor. Embora haja ocasiões em que temos que tomar pulso da situação por estarmos certos do que tem de ser feito, temos de primeiro ouvir o que os outros têm a dizer. Assumir-se é defender ou pedir o que você quer de uma maneira que não intimide a outra pessoa nem desmereça você mesmo.

Se você não costuma agir dessa maneira e geralmente deixa que os outros façam as coisas do jeito deles, esse comportamento pode ter várias razões. Talvez você tenha medo de ferir os sentimentos de alguém ou de ser rejeitado. Você também pode ter aprendido que o comportamento passivo é o mais conveniente ou ter receio de enfrentar a raiva da outra pessoa. Mas, se não for uma pessoa firme, que sabe se impor, você estará desistindo de uma parte de si mesmo. Cada vez que você deixa de pedir o que quer ou expor o que precisa, é como se um pedacinho de você morresse.

"Causei mais danos com a falsidade de querer agradar do que com a honestidade de querer ferir."
— Jessamyn West

Quando você é passivo, essa falta de firmeza pode acabar saindo caro, pois em geral vira ressentimento. Você pode se distanciar das pessoas com quem não teve coragem de se assumir. Quando você é passivo, uma das três coisas a seguir costuma acontecer:

1. Ou você encontra maneiras inconscientes de fazer o que queria desde o princípio ou
2. Se guarda ressentimento, ele pode crescer e acabar vindo à tona como a erupção de um vulcão, no momento mais impróprio ou
3. O ressentimento ou a infelicidade podem ser reprimidos, consumindo você até virar uma doença.

Esse foi o padrão que eu segui até a idade adulta — ser passiva, colocando as necessidades dos outros em primeiro lugar e desistindo de mim mesma para poder agradar. Eu tinha medo de ferir os sentimentos dos outros ou de lhes despertar a raiva e também tinha receio de não ser suficientemente esperta para acreditar que tinha razão. Eu não dizia o que pensava e isso em geral acabava em doença, em geral asma. Nessa época, a asma era o único modo que eu tinha para expressar meus sentimentos de frustração, medo ou raiva.

Se você é normalmente passivo, precisará aprender a ter coragem de falar por si. Esse é muitas vezes um resultado direto da crença em si mesmo.

Se você sempre foi uma pessoa agressiva, aprender a se assumir também vai ser um desafio, embora de um jeito diferente. Você pode ter ficado agressivo porque, no passado, alguém espezinhou você por precisar se sentir no controle. Outra possibilidade é que você tenha assumido o mesmo padrão que um dos seus pais ou de uma pessoa mais velha que tenha sido importante em sua vida. Ou quem sabe você tenha ficado agressivo para se rebelar contra todas as pessoas mais velhas ao seu redor que sempre foram passivas e desistiram de satisfazer suas necessidades e desejos. Você precisará levar em conta as necessidades dos outros e aprender a moderar suas respostas. Também precisará encontrar meios de negociar compromissos, em vez de simplesmente intimidar a todos para conseguir o que quer. Quando você é agressivo, em geral acaba afastando pessoas de quem você gosta, com quem trabalha ou que poderiam vir a ser importantes para você numa época posterior.

A princípio, você pode se sentir invencível quando consegue que as coisas saiam a seu modo. Pode achar que está sempre certo. No entanto, acabará percebendo que as pessoas não o consultam por causa da sua sabedoria, mas porque têm medo de você. A vida fica bem solitária quando tudo tem de ser do seu jeito — quando você não consegue colaborar com os outros e quando não consegue ouvir o que os outros estão dizendo sem assumir um ar de superioridade.

Se você tende a ser passivo ou agressivo, a chave é começar a assumir o que quer e do que precisa de um modo direto, calmo e confiante.

Exercício para aprender a se assumir:
- Pense numa situação em que você e outra pessoa querem coisas diferentes. Como você lida com isso? Você diz o que quer em termos claros? Ou diz a si mesmo algo como, "Bem, não vou conseguir mesmo o que quero... É melhor não dizer nada e deixar que ele (ela) faça o que quer"? Ou você insiste em dizer que seu modo de ver as coisas está certo e que ele (ela) tem de acatar, e "ponto final"? Pense sobre esses exemplos também. Todos nós podemos agir de modo diferente se estivermos dispostos a mudar. Procure se lembrar de outras ocasiões em que isso aconteceu em sua vida até descobrir como você costuma agir.
- O que você faz quando sua família e amigos, sua comunidade religiosa ou sua cultura têm regras ou procedimentos implícitos que não es-

> *"Se não quer perder a juventude, não pare de jogar."*
> — dr. Frank Crane

tão de acordo com o seu modo de ver as coisas? Você é capaz de defender sua posição e confrontá-los, você obedece na presença deles, mas faz as coisas do seu jeito quando está sozinho ou você pensa e faz o que acredita ser melhor, sem impor sua visão aos outros? Procure ver se você costuma assumir o que pensa na vida em geral.

- Você tem força de vontade e firmeza para mudar velhos hábitos (que, por sua vez, o ajudarão a envelhecer com dignidade)? Em outras palavras, você consegue ser firme consigo mesmo a ponto de fazer mudanças positivas na sua vida?

> *"O único fracasso é parar de tentar."*
> — Elbert Hubbard

Estratégias para encontrar soluções:

- Se você não é uma pessoa firme e decidida nem aprendeu a ser assim, você pode aprender agora. Existem livros que descrevem como adquirir firmeza e autoconfiança. Eis aqui algumas idéias para pessoas passivas e agressivas:

  - Se você é normalmente uma pessoa passiva, então, antes de dizer "Sim", "Tudo bem" ou "Está certo", pare e respire fundo, literalmente! O passo seguinte é dizer, "Deixe-me pensar a respeito disso". Essa pausa lhe dará tempo para dizer "não" ou qualquer outra coisa que precisar dizer. Aprenda a acreditar que você é tão importante quanto qualquer outra pessoa e que também merece ter o que quer.

  - Se você é normalmente uma pessoa agressiva, também precisará parar e respirar fundo. Então conte até dez; ao mesmo tempo, pense que a sua visão não é a única verdadeira. Durante esse tempo, procure se colocar no lugar da outra pessoa. Procurando se concentrar, imagine-se vendo a situação do ponto de vista dela. Pense em como você (ou qualquer pessoa) poderia sair ganhando com um resultado diferente do que quer obter. Depois, exponha calmamente os seus desejos e ouça de fato o que a outra pessoa tem a dizer. Procurem chegar a um acordo, se possível.

Reflexões finais

Para deixar de lado a mania de cultuar a juventude, você precisará defender seus pontos de vista, combatendo a tendência da nossa cultura — achar que a vida é melhor quando somos jovens. Assumir-se, nesse caso, também significa acreditar no seu valor pessoal. Acredite que a melhor época da sua vida é *agora* ou, se no momento ela não for de fato, então, pelo menos reconheça os pontos positivos e negativos da vida — não importa quantos anos você tenha e em que condições esteja.

Como um adulto na idade madura, você se sentirá muito mais feliz se for capaz de expor suas necessidades de modo simples, calmo e pacífico. Quando você tem coragem de se assumir, você sente mais autoconfiança e satisfação com a vida. Para começar esse processo só é preciso que você tenha plena consciência de quem e do que você é.

Reconheça a Realidade como Ela é

SEIS

Tome consciência de quem você é

Aceitar o processo de envelhecimento é importante não só no nível intelectual, mas também no emocional. É fácil aceitar o envelhecimento intelectualmente, mas, até que você realmente saiba quem você é, será bem difícil aceitá-lo no nível emocional. Quando você de fato aceitar, no fundo do coração, que você envelheceu, será capaz de ser uma pessoa sem idade.

Embora isso tenha certa relação com o segundo capítulo, no qual lhe digo para ser verdadeiro com você mesmo, desta vez nós iremos um pouco mais fundo. Quando você é franco consigo mesmo com respeito aos seus pontos positivos e negativos, você também precisa tomar consciência dos *verdadeiros* motivos que o levam a fazer o que faz. Que antigos padrões ou idéias obsoletas você ainda está cultivando, mesmo sabendo que eles não servem mais para você? De que sonhos e desejos você está desistindo porque está desencantado com a vida?

Muitas pessoas são motivadas pelo medo, muito embora não admitam isso. Quando alguém não abre mão do conforto e da segurança em favor de correr riscos, isso em geral significa que ela, no fundo, sente medo. Até que ponto o medo motiva você? Você tem receio de ferir os sentimentos dos outros? Tem receio de não ser aceito, de ser rejeitado ou abandonado? Tem receio de se dar mal, ou, talvez, de se dar bem? Tem receio de não cumprir as expectativas dos outros a seu respeito (ou as suas próprias)?

Muitos de nós são motivados por esses medos. Nunca encontrei ninguém imune a eles. Algumas pessoas não hesitam diante de uma situação que coloque em risco sua integridade física. Elas experimentam algo novo, assim como esquiar ou escalar uma montanha, sem pensar duas vezes. Mas, quando se trata de riscos emocionais, travam consigo uma verdadeira batalha. Elas têm medo de procurar emprego numa outra área ou de pedir demissão porque acham que não encontrarão nada melhor. Outras pessoas são justamente o oposto; assumem riscos emocionais com mais facilidade do que os físicos.

Quando tem uma idéia muito clara de quem você é, você consegue fazer as mudanças necessárias para melhorar a sua vida, o que significa, nesse caso, tornar-se uma pessoa sem idade. Ser honesto consigo mesmo é a chave aqui. Sem essa profunda honestidade, você só se enganará. Procure se conhecer em todos os aspectos — físico, mental, emocional e espiritual. Descubra quais são suas motivações mais fortes. Esse é o começo da jornada rumo a um envelhecimento sem traumas.

Quando está a par dos seus maiores fatores de motivação, você é capaz de superar os seus medos; você é capaz de assumir mais riscos (mesmo que sejam pequenos) e se sente mais inclinado a realizar seus sonhos. Esse é de fato um dos aspectos mais estimulantes da segunda metade da sua vida. Em geral, as pessoas reavaliam a própria vida e percebem que alguns sonhos nunca chegaram a se concretizar. Algumas darão de ombros e desistirão, vivendo uma vida de "calado desespero". Outras, em vez disso, enfrentarão o desafio e dirão a si mesmas algo do tipo, "Bem, se eu não fizer isso agora, quando terei outra oportunidade?" Elas, então, ou tomam providências para colocar seus planos em prática, ou pelo menos sondam o terreno para investigar a viabilidade de seus sonhos há tanto tempo acalentados.

"Até que fique em paz com quem você é, você nunca fica contente com o que você tem."
— Doris Mortman

Essas pessoas vivem de bem com a vida. Elas percebem que, depois que tomaram consciência de quem são, têm de fazer mudanças positivas para evitar o ressentimento e a amargura que surgem quando a vida não é vivida plenamente. Aqueles que decidem saber quem são honestamente — seus pontos positivos e negativos — e que optaram por fazer algo com o resultado de suas descobertas, sentirão o contentamento que está ao alcance de todos que se dispuserem a dar esse passo.

Eu tinha mais de 35 anos quando comecei a tomar consciência do meu eu verdadeiro. Descobri que estava descontente com meu casamento, por mais sólido que ele parecesse, e que estava infeliz no meu emprego, considerado tão seguro. Embora não parecesse fazer sentido, eu sabia que algumas coisas exigiam mudança. Embora aparentemente tudo parecesse perfeito, algo em mim sabia que meu eu verdadeiro estava se sentindo sufocado. Depois de anos consultando conselheiros, treinadores e mentores, lendo todo livro de auto-ajuda que encontrava pela frente e assistindo a palestras e seminários, aprendi que, se eu desse passos concretos rumo à vida que eu queria — quando me sentisse motivada a fazer isso —, as portas se abririam. Eu sempre encontraria apoio para dar o passo seguinte, na minha jornada pessoal.

Exercício para tomar consciência de quem você é:
- Faça uma lista do que você considera suas características positivas e negativas. O que você já fez para aumentar as positivas e para eliminar ou modificar as negativas?
- Que tipo de coisa motiva você? Se for dinheiro, investigue mais a fundo e pergunte a você mesmo o que o dinheiro significa para você (conforto, liberdade, poder). Faça o mesmo independentemente da sua reposta, seja ela segurança, paz de espírito, medo, etc. Continue se perguntando (e anotando as respostas), "O que isso significa para mim?" Você acabará descobrindo quais são suas motivações mais profundas. Conhecer esses fatores de motivação é importante para viver uma vida satisfatória em qualquer idade.
- O que significa, para você, ser uma pessoa sem idade? O que você pode fazer para melhorar seu processo de envelhecimento?

Estratégias para encontrar soluções:
- Se você não consegue se ver com clareza, interrogue outras pessoas. Desta vez, não se limite à família e aos amigos, mas inclua também seus chefes, colegas de trabalho, parceiros no tênis ou outras pessoas que não sejam tão próximas quanto seus familiares. Se você ainda não fez nada em prol do seu desenvolvimento pessoal ou para fazer mudanças positivas, comece fazendo leituras ou se unindo a grupos que poderão apoiar esse crescimento. Procure treinadores, mentores ou terapeutas que o ajudem a dar alguns passos rumo ao autoconhecimento. Essa atitude o ajudará a desenvolver as habilidades de que você precisa na vida ou lhe proporcionará o tipo de informação necessária para você se conhecer melhor.
- Se você não ficar muito satisfeito ao descobrir o que motiva você (em geral, o medo, por exemplo), então tente fazer algo só por prazer ou porque você adora fazer aquilo. Você também pode tentar fazer alguma coisa que represente um pequeno risco. Se for bem-sucedido, note o bem-estar que isso lhe proporciona. Caso contrário, perceba que o mundo não acabou por causa disso. Continue a assumir riscos pequenos e comece a assumir outros progressivamente maiores.
- Quando você descobrir quais são suas motivações positivas, anote-as por escrito e tenha essa lista sempre à mão. Consulte-a quando quiser dar outro rumo à sua vida e quiser lançar mão dessas motivações. (Por exemplo, quando você quiser se dar de presente uma nova peça de roupa ou uma massagem, use suas motivações para assumir riscos.) Mesmo que se trate de uma motivação negativa — como o medo de ficar desempregado —, use-a para superar esse medo.

"Você é o herói da sua própria história."
— Mary McCarthy

- Se você não conseguir definir o que significa, para você, uma pessoa sem idade, não será fácil se transformar em uma delas. Converse com amigos leais e com as pessoas que ama. Deixe que essas conversas o ajudem a descobrir esse significado. Depois você pode aproveitar essa informação como um guia para mudar seu comportamento, iniciar novos projetos e/ou fazer contato com pessoas que você gostaria de conhecer melhor. Ela será um parâmetro que o ajudará a se sentir uma pessoa sem idade.

Reflexões finais

Ninguém pode definir com exatidão o que significa uma pessoa sem idade para outra pessoa, no entanto, existem algumas características comuns que são a base deste livro. Você terá de acreditar na sua própria definição desse termo para que possa fazer algum progresso. Depois que tiver essa definição, pode usá-la como um mapa que o ajudará a direcionar suas energias para se tornar a pessoa que você quer ser. Descobrindo quais são suas motivações mais profundas, ficará mais fácil atingir seus objetivos. A consciência de quem você é agora é o ponto de partida da jornada rumo ao envelhecimento sem idade.

"Interiormente, você terá sempre a mesma idade."
— Gertrude Stein

SETE

Aceite a inevitabilidade do envelhecimento

Nas entrevistas que fiz com pessoas que, a meu ver, viam com naturalidade o processo de envelhecimento, a palavra mais freqüente que ouvi foi "aceitação". Aceitação é uma das chaves mais importantes para uma pessoa se tornar "sem idade". Resumindo, aceite que você está envelhecendo. É importante também não confundir "ficar mais velho" com "ficar pior". Se pensar assim, você está entrando no conto do culto à juventude. Perceba que envelhecer faz parte da vida, assim como a morte.

Estamos levando adiante por tempo demais o "Grande Conto de Fadas Americano". Esse conto de fadas começou nos anos 50 e, com evidentes repercussões ainda nos dias de hoje, continua mais ou menos assim: O garoto encontra a garota, eles se apaixonam e se casam. O homem faz carreira numa companhia em que ele trabalhará lealmente por trinta anos. Eles compram uma casa num bairro afastado. A esposa fica em casa e toma conta dos dois filhos (um menino e uma menina, é claro). Ele se aposenta e recebe um relógio de ouro. Eles vivem felizes para sempre. Sem problemas, sem preocupações, sem brigas. Esse conto de fadas dá a entender que não envelhecemos nem nunca morremos. Embora pareçam ridículas a meu ver, as idéias implícitas nesse conto ainda estão na psique das pessoas. Embora, nos dias de hoje, já não tenhamos mais casamentos ou empregos que durem a vida inteira (pelo menos a maioria das pessoas não tem), nós continuamos a envelhecer e a morrer, independentemente do tipo de vida que tenhamos vivido.

> *"Uma pessoa de 60 anos pode crescer tanto quanto uma criança de 6."*
> — Gay Gaer Luce

Quando você aceita que o envelhecimento é um processo natural, é mais fácil parar de se preocupar com as rugas. Você sabe que elas são naturais. Você pára de se preocupar com o fato de ter de se esforçar menos. Isso acabará acontecendo e você aceitará. É só quando *nega* que está envelhecendo que você sofre com tudo isso. Se você se recusa a aceitar o processo de envelhecimento, cada mudança que ocorrer em seu corpo trará com ela uma carga emocional. É por isso que as rugas começam a aborrecer você; suas articulações, que já não se movem com tanta facilidade, começam a aborrecer você; seu sistema digestivo mais sensível começa a aborrecer você. Todas as etapas da sua vida podem contribuir para aumentar seus medos e preocupações. Embora seja importante não negar a dor real causada por uma artrite ou por outros males (e fazer o possível para fazer mudanças positivas), é igualmente importante *aceitar* este fato inevitável: seu corpo muda à medida que você envelhece.

Quando você aceita o processo de envelhecimento, você decide, assim como me disse uma senhora de 70 anos, "amar suas rugas", em vez de lamentar o fato de que fulano tem genes melhores do que os seus e de que a pele dele parece mais jovem do que a sua. Você decide não ficar ao ar livre por tanto tempo, não beber tanto quanto estava acostumado nem ficar exposto ao sol.

Eu fiz uma vez uma viagem de Boise, em Idaho, até Sun Valley. O trajeto de três horas numa estrada deserta e sem buracos me deu a chance de conhecer os outros passageiros. Como se tratava de um dia de semana pela manhã, só havia mais dois outros passageiros — um casal em torno dos 70 anos. Meu destino era fazer um retiro para escrever um livro; o deles era esquiar. Eles faziam essa viagem, partindo das Bermudas, onde moravam, várias vezes a cada inverno. Obviamente, eram esquiadores fanáticos. Quando falei sobre o meu livro, eles disseram: "Não temos do que nos queixar. Nossa vida é boa. É claro que já não esquiamos tanto quanto antes. Agora somos 'esquiadores de salão'. Você sabe, agora temos de valsar em vez de chacoalhar os quadris. Às vezes temos de tirar uma soneca no meio do dia. Mas não desistimos do que adoramos fazer; apenas mudamos o *modo* como a fazemos!"

Eles aceitaram a vida como ela é e fizeram com que ela trabalhasse a favor deles. É simples assim (embora nem sempre possa ser tão fácil). Quando você consegue aceitar, do ponto de vista emocional, o caráter inevitável do envelhecimento, sua atitude fica mais leve — essa é ou-

> *"Quando a elegância se junta às rugas, o resultado é admirável."*
> — Victor Hugo

tra grande chave do envelhecimento sem idade (ver Capítulo 13). Aceitando a vida como ela é, você não desiste dela nem resiste às mudanças. Desistir significa se resignar a uma existência sem alegria, amor ou esperança com relação ao presente ou ao futuro. Resistência, por outro lado, é fazer pressão contra a parede da vida (ou bater a cabeça contra ela), em vez de contorná-la, passar por cima ou por baixo dela ou dar um passo para trás e procurar uma porta, que você pode não ter visto antes. Resistir ao envelhecimento, assim como se preocupar com sua aparência envelhecida, só servirá para aumentar as rugas!

Depois que aceitar a inevitabilidade do envelhecimento, você pode definir por si mesmo o que é correto para você.

"O mais importante não é a longevidade da vida, mas sua profundidade."
— Ralph Waldo Emerson

Exercício para aceitar o caráter inevitável do envelhecimento:
• Você aceita a idade que tem? Aceita bem o envelhecimento das pessoas à sua volta — dos seus pais, dos seus filhos, dos amigos e dos colegas de trabalho? Que pensamentos lhe cruzam a mente quando você pensa que está ficando velho? Sejam quais forem as suas respostas, elas lhe darão uma dica a respeito da sua verdade.
• Quando você nota suas rugas e/ou a rigidez do seu corpo pela manhã (ou algum outro sinal de envelhecimento), o que você faz? Ou gostaria de fazer? Como você se sente e quais são seus pensamentos?

Estratégias para encontrar soluções:
• Se você acha difícil aceitar a idéia de que está envelhecendo, acabe de ler este livro primeiro. Depois apresente-se como voluntário num asi-

lo. Inscreva-se para um curso próprio para idosos e observe as pessoas que participam dele. Procure aprender algo nesse curso, não só com os professores, mas com os outros participantes. As pessoas idosas podem ser seus melhores professores.

- Pergunte a si mesmo, "De que modo posso cuidar da minha saúde e aparência para evitar rugas, doenças ou dores desnecessárias?" Por exemplo, fuja do sol e passe filtro solar logo pela manhã. Use um creme para hidratar a pele. Faça do alongamento uma prática diária. Ele ajuda a diminuir dores e outros males. Se suas articulações estão doloridas, procure se informar sobre técnicas de alongamento ou suplementos alimentares que possam amenizar o problema. A prevenção é sempre uma ótima medida e pode ajudar a aliviar alguns dos sintomas do envelhecimento.

Reflexões finais

Para algumas pessoas, falar sobre seus sentimentos (Capítulo 10) é algo que as ajuda a aceitar o processo de envelhecimento e a mudar qualquer pensamento negativo que possam ter a respeito. Procurar ver o lado positivo das coisas (Capítulo 13) e viver o dia de hoje (Capítulo 15) também podem ajudá-lo a aceitar o caráter inevitável do processo de envelhecimento. Essas são algumas das mais importantes chaves para sentir a paz de espírito que acompanha o envelhecimento sem idade.

OITO

Identifique as escolhas mais sábias

À̀s vezes, especialmente à medida que você envelhece, o processo de tomar decisões fica mais difícil do que de costume. É importante que você use o discernimento quando faz alguma escolha. Usar o discernimento significa ser capaz de escolher entre várias opções que pareçam, todas elas, soluções possíveis. O que mais ajudará você é:

1. Certificar-se de que você tem consciência de todas as opções possíveis (não se contentando apenas com as mais óbvias);
2. Estar a par dos seus recursos, valores pessoais e predileções;
3. Saber qual é o melhor momento para tomar uma certa decisão;
4. Depois de tomada a decisão, criar em torno de si um clima de vitória.

Se você acha que só há duas soluções para o problema, vá além desses limites auto-impostos e procure idéias criativas (por si mesmo ou com a ajuda de outras pessoas). Quase sempre existem mais soluções possíveis para uma questão do que julgávamos a princípio.

Você pode aumentar seu leque de opções expandindo sua mente — evocando a criatividade natural que todos nós temos. É assim que solucionamos um problema de modo criativo. (Veja as estratégias a seguir.) Quanto mais opções você tem à sua disposição, melhores são as suas chances de encontrar uma solução mais apropriada.

É também fundamental saber de que recursos você pode dispor, tanto interna quanto externamente — em outras palavras, quais são seus trunfos pessoais e os das outras pessoas e organizações. Isso o ajudará a ter uma visão mais panorâmica. Você já acumulou grande experiência na vida; essa é uma das vantagens do envelhecimento. Use seu conhecimento e suas experiências para ir além das suas opções mais óbvias. Depois lance mão dos amigos, da família e dos colegas de trabalho. Isso pode ser bem divertido. Faça uma reunião para conseguir idéias novas ou telefone para várias pessoas. Duas ou mais cabeças encontram soluções mais criativas do que uma.

Ter consciência dos seus valores e preferências — as pessoas, as coisas, as crenças e os conceitos mais importantes para você —, também contribuirá. Isso lhe servirá de critério quando tiver de avaliar suas escolhas. Sempre que tiver de tomar uma decisão importante, considere suas prioridades. Seja qual for a decisão que tenha de tomar, pergunte a si mesmo, "Isso contribuirá para concretizar meus sonhos, projetos ou desejos mais importantes?" Se essa decisão servir para aproximá-lo das suas metas, então você está no caminho certo. Se o levar em outra direção, pergunte a si mesmo, "Estou pronto para mudar meus valores e objetivos para manter essa decisão ou preciso refletir melhor sobre ela?"

Saber identificar o melhor momento para se tomar uma decisão é crucial para se fazer uma boa escolha. Por exemplo, você talvez queira se mudar para uma outra cidade. Isso pode estar em sintonia com os seus valores e desejos e parecer a solução perfeita para os problemas que você vem enfrentando. No entanto, se você não esperar o momento certo para fazer essa mudança, ela pode vir a parecer a solução errada. Tentar forçar uma decisão (neste caso, a mudança para outra cidade) pode causar mais ansiedade do que o problema original.

> *"Só amadurecemos plenamente quando percebemos que temos escolhas a fazer."*
> — Angela Barron McBride

Se você está passando por um período de luto, raiva, vergonha ou medo profundos (ou por *qualquer* outra emoção intensa), não convém tomar nenhuma decisão importante. Se quiser fazer uma grande mudança na sua vida, espere a poeira baixar para que você possa ver as coisas com mais clareza. Certifique-se também de que já tenha passado algum tempo entre o acontecimento traumático e a decisão final. Não estou dizendo que você não deva fazer algo diferente. Nada o impede. No entanto, é importante saber que as decisões precipitadas, especialmente quando tomadas sob grande tensão emocional, podem dar margem a arrependimentos. Nos períodos mais difíceis, do ponto de vista emocional, em geral não fazemos escolhas sábias, mas aquelas que amenizam nossa dor. Essas escolhas, que nos poupam da dor emocional, costumam causar mais sofrimento posteriormente. É muito mais saudável sofrer tudo o que você tem de sofrer, até chegar ao fundo do poço. Depois que você conseguir dar a volta por cima, reavalie suas escolhas e decida se é isso mesmo o que quer.

Nas ocasiões em que estiver muito preocupado com algum aspecto da sua vida, tenha em mente todas as soluções possíveis e deixe que elas atinjam um ponto de fervura. Espere. Mais tarde, peça a opinião das pessoas que ama e de seus amigos mais leais. Não deixe, contudo, que os medos ou pensamentos negativos dessas pessoas o impeçam de tomar uma decisão. Seus pontos de vista deverão fazê-lo chegar num equilíbrio e adquirir uma nova visão do problema, mas nunca determinar a decisão que você tomará.

Gerry, uma das minhas clientes, havia sido demitida do emprego recentemente. Ela tinha cinqüenta e poucos anos e, embora muito qualificada, achava que estava velha demais para conseguir outro emprego. Ela era divorciada havia muitos anos e seus filhos estavam na faculdade ou casados. Como ela também tinha um irmão de quem gostava muito e que morava em outro estado, Gerry estava pronta a se mudar para lá. Depois de se questionar, ela chegou à conclusão de que seria melhor esperar que a tempestade emocional passasse e, enquanto isso, fazer algum trabalho temporário enquanto procurava por um emprego em período integral. Depois de seis meses ou um ano, ela resolveria o que fazer. Um ano depois, ela já tinha recebido vários convites para trabalhar em grandes corporações e percebido que tinha adorado a idéia de trabalhar por conta própria. Em vez de ser empregada, ela decidiu abrir uma empresa de consultoria que prospera a cada dia. Ela ainda sente falta do irmão, que mora em outro estado, mas está empolgada com sua nova vida. Agora ela tem até mais tempo livre para visitá-lo.

Por fim, para fazer uma boa escolha é preciso tomar uma decisão que lhe permita viver feliz. Esse é um dos importantes aspectos de se tomar decisões e discutiremos sobre ele ao longo de todo Capítulo 14.

> *"A natureza lhe dá o rosto que você tem aos 20 anos; cabe a você merecer o rosto que terá aos 50."*
> — Coco Chanel

Exercício para identificar suas escolhas mais sábias:
Pense em algumas decisões *importantes* que você tomou nos últimos cinco anos. Dê uma olhada nas perguntas abaixo e descubra se você levou em conta todos os aspectos importantes quando tomou essas decisões.
- Que decisão foi essa?
- Que recursos você tinha na ocasião para apoiar essa decisão (recursos internos e externos, como dinheiro, espaço e organizações)?
- Quais foram os principais fatores (seus valores e suas predileções) que você teve de levar em consideração quando tomou essa decisão?
- Que opções você tinha a princípio?
- Você acabou encontrando outras opções além dessas? Se a resposta é sim, que idéias você encontrou depois de pensar a respeito?
- Quais foram as novas possibilidades que surgiram depois que você pensou mais a respeito?
- O que lhe dizia a intuição acerca das opções possíveis?

Em seguida, pense numa decisão que você tem de tomar agora ou num futuro próximo e faça essas mesmas perguntas.

Estratégias para encontrar soluções:
- Se você não sabe o que fazer e acha que não pode contar com a ajuda de ninguém, faça uma lista dos amigos, familiares e colegas de trabalho e telefone para cada um deles, pedindo que o ajudem a tomar uma determinada decisão.
- Se você achar que não tem condições emocionais para tomar essa decisão, use a lista de pessoas acima ou selecione um ou dois amigos/parentes de quem você goste. Então ligue para essa pessoa e lhe peça apoio ou incentivo. Você também pode consultar um terapeuta, um padre ou um pastor.
- Se você ainda não tem consciência de quais são seus valores mais profundos e suas predileções, volte a ler o Capítulo 3 e faça os exercícios para identificar seus valores. Em seguida, volte a pensar na decisão que tem pela frente.

A seguir, apresento algumas técnicas para encontrar idéias, que você pode usar quando não dispõe de ninguém que possa ajudá-lo a tomar uma decisão. Trata-se dos melhores métodos para estimular sua criatividade e torná-lo mais aberto a novas possibilidades. Eles não são apenas instrumentos excelentes para nos ajudar a encontrar soluções, como também são divertidos e podem ser usados para resolver *qualquer* tipo de problema.

> *"A mera consciência de que você está vivo já é alegria suficiente."*
> — Emily Dickenson

- Faça a si mesmo uma pergunta boba, do tipo que uma criança pequena faria. Por exemplo, se você precisa decidir se compra ou não um apartamento, uma criança poderia querer saber, "Por que você quer comprar um apartamento?" ou "O que há de errado com a casa que você tem?" ou "Por que não comprar um trailer, já que você gosta tanto de viajar?"
- Pense numa pessoa que você admira pela sabedoria que ela tem. Essa pessoa pode estar viva ou já ser falecida. Pode ser alguém que você conheça pessoalmente ou alguém famoso. Vá para um lugar tranqüilo onde você possa passar alguns minutos a sós. Relaxe, feche os olhos, respire fundo algumas vezes e depois pergunte, mentalmente, a essa pessoa, qual a opinião dela a respeito do seu problema. Essas respostas podem ou não levá-lo a uma conclusão melhor. (Em geral elas levam, quando você se abre para as possibilidades que surgem com esse tipo de pergunta.) Em todo caso, elas estimularão sua mente, ajudando você a fazer suas escolhas.
- Medite sobre a questão. Muitos inventores contam que eles tiveram suas melhores idéias quando estavam num estado intermediário entre o sono e a vigília.
- Anote por escrito o oposto do que você acredita que quer. Em geral, é escrevendo o que não quer que você começa a definir com mais clareza o que você quer.
- Confie na sua intuição. Ouça aquela voz interior que diz, "Humm, isso parece excitante..." ou "Algo me diz que isso não é o melhor a fazer". Sua intuição, quando você consegue ouvi-la, sempre o leva a fazer a melhor opção.

Reflexões finais

Para tomar decisões mais sábias, procure resolver seus problemas de modo criativo e dê a si mesmo pelo menos três alternativas, em vez da típica escolha "ou isto ou aquilo", que as pessoas costumam se dar. Procure identificar seus valores, assim como seus melhores recursos. Em seguida, fique alerta para o momento certo para tomar uma decisão. Saber esperar por esse momento pode ser crucial para se fazer uma boa escolha. Por último, tenha a certeza de que sua atitude é o que mais importa para que sua decisão prove ser a mais correta. Isso é discutido no Capítulo 14.

NOVE

Respeite o seu corpo e os limites dele

❧

Quando você é capaz de respeitar o seu corpo e os limites dele, ele também apóia você em sua resolução de ser uma pessoa sem idade. Isso significa perceber que seu corpo nem sempre será capaz de fazer as coisas do jeito que ele fazia no passado — com a mesma rapidez, freqüência, intensidade ou clareza. Lamentavelmente, muitas pessoas têm o hábito de comparar o presente e o passado e julgam-se dessa maneira. O que acontece logo que começamos a nos julgar de maneira negativa é que nossa autoconfiança, nossa crença em nós mesmos e nosso amor-próprio despencam.

Em vez disso, respeite seu corpo e os limites dele, entendendo que você pode levar mais tempo para se recuperar de uma noitada, de uma caminhada extenuante ou de um projeto trabalhoso. Dê simplesmente a ele o tempo necessário para se recuperar, sem considerar isso ruim. Você também pode optar por não fazer algumas das coisas que fazia quando era mais jovem (como se permitir algumas extravagâncias) e perceber que agora você está fazendo escolhas mais inteligentes e saudáveis.

Isso parece um jeito simples de olhar a vida, mas quantas pessoas se criticam severamente por causa das mudanças que notam no próprio corpo e em seu ritmo? Mas quem disse que é ruim precisar de óculos de leitura? Quem disse que não é bom precisar descansar um pouco mais depois de voltar para casa tarde? (Em outras palavras, qual o problema de ficar um pouco mais na cama pela manhã?) E há algo errado em tirar algumas sonecas no meio do dia? Não há nada de errado em diminuir seu ritmo de vida.

"Você está amadurecendo para se transformar no fruto da sua própria vida."
— Stewart Edward White

Um estudo recente descobriu que as lesões nas articulações na geração dos *baby boomers* (geração dos nascidos depois da Segunda Guerra) são 43% maiores nos últimos anos do que anteriormente. A conclusão a que se chegou é a de que esse grupo não costumava se alongar, fazer aquecimento ou diminuir o ritmo lentamente, depois de fazer exercícios. Em outras palavras, essas pessoas ainda achavam que o corpo delas era o mesmo de quando tinham 20 anos. Não só é bom respeitar o próprio corpo e não julgar suas necessidades; isso também é importante para nossa saúde em geral e para a nossa segurança.

Eu sempre me movimentei meio devagar. Nunca venci corridas quando criança, mas sempre caía com elegância. (Acho que foi por isso que ganhei o apelido de lesma.) Mesmo hoje, que sou mais vagarosa ainda, eu considero os benefícios de ser desse jeito. Tive de aprender a mudar meu modo de encarar as coisas para não me condenar por algo que poderia ser considerado uma falha. Agora que estou mais consciente da minha lentidão, digo a mim mesma que, sendo assim, eu posso parar e notar os detalhes da vida. Isso não significa que eu não me sinta frustrada de vez em quando, nas ocasiões em que gostaria de poder fazer muito mais do que meu tempo permite, mas minha desvantagem da infância ajudou-me a aceitar o ritmo mais lento que adquiri à medida que ficava mais velha.

Hoje vivemos todos numa correria. Tentar fazer tudo nesse ritmo alucinante não é nada saudável, seja qual for a sua idade. É muito mais prazeroso e relaxante fazer com cuidado e vagar o que é preciso ser feito. Também ajudaria se você enfocasse o que é *realmente* importante, pois assim você poderia decidir como gastar seu precioso tempo.

> *"Você nunca é velho demais para ser jovem."*
> — Mae West

Procure ver as vantagens de viver num ritmo mais lento, em vez de achar que você está pior do que antes. Isso tornará sua vida muito mais agradável. O culto à juventude é que o leva a se julgar desse modo. Respeitar o ritmo do seu corpo é deleitar-se na beleza da lentidão. Isso faz parte do envelhecimento sem idade e da crença de que você pode ser uma pessoa sem idade.

Exercício para respeitar o seu corpo e o ritmo dele:
- Que pensamentos ou sentimentos você tem quando percebe que você leva mais tempo para se recuperar depois de fazer algo extenuan-

te? O que acontece quando você percebe que já não é mais capaz de fazer algo que fazia na juventude? Você se julga mal ou preferiria ser mais jovem?

- Você pode se imaginar movimentando-se mais devagar e realizando suas atividades com mais lentidão, sem se estressar com o que não consegue fazer?

Estratégias para encontrar soluções:
- Se você vive se criticando porque não consegue mais fazer algo ou desejando ser mais jovem do que é, pare e respire fundo. Procure observar os detalhes da tarefa que está realizando (Capítulo 15) e fique agradecido por tudo o que você ainda é capaz de fazer (Capítulo 19).
- Se você acha que tem de acompanhar o ritmo frenético das pessoas à sua volta, faça uma pausa de alguns minutos e visualize todo mundo movendo-se no *seu* ritmo. Imagine como seria bom se todas as pessoas fizessem as coisas mais lentamente, prestando atenção nos detalhes da vida. Perceba que a vida é mais rica quando vivida num ritmo que podemos acompanhar a cada momento.

Reflexões finais

Você só pode ser uma pessoa sem idade se parar de julgar mal o seu corpo e o ritmo que ele tem agora, parando de o comparar com o que ele era na juventude. Quando você dá a você mesmo o tempo de que precisa para fazer as coisas que quer fazer, você sente a alegria de estar viva neste momento. Assim você consegue apreciar quem você é *agora*.

DEZ

Reconheça e respeite as emoções que acompanham o envelhecimento

As emoções do envelhecimento são as emoções da mudança. São sentimentos de perda. Sempre que ocorrem grandes mudanças na nossa vida, temos de deixar que o velho vá embora, passar por um período intermediário de limbo e conquistar coisas novas. Isso vale tanto no nível material quanto no nível dos relacionamentos ou no nível conceitual.

Embora as emoções nunca sigam uma certa ordem, uma das que costumam vir primeiro é o pesar. Sentimos falta da juventude. Temos saudade do jeito como éramos e nos comportávamos. À medida que você envelhece, é normal que sinta tristeza de vez em quando. Se conseguir aceitar essa tristeza ou qualquer outra emoção que acompanha o envelhecimento, você superará a emoção com mais rapidez e facilidade.

Outras emoções que costumam aparecer são a raiva, a depressão, o medo, a solidão, a ansiedade, a alegria, a vontade de viver, o amor, a serenidade, a vergonha, a culpa e a aceitação. Essas são as principais emoções ligadas ao envelhecimento, mas qualquer emoção pode aflorar durante o processo normal de eliminação do velho e de aceitação do novo.

Pense na razão por que essas emoções afloram. Você pode estar com raiva ou com vergonha, por exemplo, pelo fato de não conseguir mais correr tão rápido, beber tanto quanto estava acostumado, dormir tão bem quanto antes ou cruzar distâncias tão longas a pé. Você pode sentir medo da morte ou estar tão doente que não pode mais trabalhar ou viver com a mesma independência de antes.

A depressão e a preocupação podem surgir pelas mesmas razões que causaram o medo. Quando nos damos conta de que não somos mais quem costumávamos ser, podemos ou ficar deprimidos ou aceitar o fato. Se você conseguir superar todas as emoções que acompanham o envelhecimento, as mudanças e as perdas, você acabará aceitando tudo isso, que é a atitude mais saudável a tomar.

Quando eu tinha 47 anos, passei um ano sentindo tristeza ou pesar, acompanhados de algum ressentimento ou raiva. Tudo começou numa manhã em que me olhei no espelho, depois de passar quatorze horas num avião e acordar atordoada com a mudança no fuso horário. Evidentemente, minha aparência era péssima. Eu havia começado a traba-

Reconheça a realidade como ela é   83

lhar na Europa e estava apavorada com a idéia de ficar fora do meu país, iniciando minha carreira do zero outra vez. Eu estava assustada, exausta e precisando de mais horas de sono. O que vi no espelho me deixou horrorizada. Quem era aquela bruxa velha? Vi rugas, flacidez e uma pele sem vida que, eu podia jurar, nunca vira antes. Vi uma mulher que eu pensei que seria, talvez, dali uns dez ou quinze anos, mas *não* naquele momento. Brotavam em mim as típicas emoções do envelhecimento. Dali em diante começou, na minha vida, um período de reavaliação, em que precisava olhar com outros olhos meu corpo físico e chegar a um acordo com o meu novo eu. Um ano depois, cheguei à conclusão de que, para a minha idade, eu tinha uma aparência ótima. Passei a dizer minha idade com orgulho quando me perguntavam (e mesmo quando ninguém perguntava).

Alegria, paz e aceitação são emoções que você também pode sentir à medida que envelhece, pois você passa a perceber que os melhores momentos da sua vida são exatamente aqueles que você está vivendo no presente, e constata que é você quem os encara assim. Você descobre as coisas boas da sua vida e mantém uma atitude positiva absolutamente necessária.

O ponto mais importante, contudo, sobre reconhecer e respeitar suas emoções acerca do envelhecimento é perceber que sentir qualquer uma dessas emoções, ou todas elas, é normal e faz parte desse processo. Depois que você descobre isso, você consegue ser gentil consigo mesmo e dizer, "Ah, essa emoção é natural no envelhecimento sem idade".

Sempre que você se julga mal ou acha que não está certo sentir qualquer uma dessas emoções, você fica preso a essa emoção, fazendo com que ela dure mais ainda. Se você, desde o início, encará-la como algo normal, achará muito mais fácil superá-la.

Para se sentir uma pessoa sem idade, compreenda e respeite as suas emoções; saiba que todas elas são normais e permita-se senti-las. Para muitas pessoas, também é importante expressá-las. Ao expressá-las, é importante que você faça isso de uma maneira que respeite e considere as outras pessoas envolvidas. Não reconhecer as emoções é tão arriscado quanto expressá-las. Sentimentos reprimidos por muito tempo podem vir à tona num momento inoportuno ou ser descarregados na pessoa errada. As emoções represadas também podem fazer com que você realmente adoeça. Cientistas agora sabem que a mente exerce um efeito poderoso sobre o corpo. Muitos médicos e outros profissionais de saúde acreditam que de 70% a 90% de todas as doenças têm componentes relacionados ao *stress*. Quando você não consegue aceitar seus sentimentos, eles causam *stress* emocional.

> *"Eu tiro o máximo proveito de tudo o que aparece e o mínimo de tudo o que vai embora."*
> — Sara Teasdale

Reconhecer, respeitar e aceitar as emoções são atitudes importantes para ser uma pessoa sem idade. Depois que tiver trabalhado suas emoções, você ficará em paz consigo mesmo. Conseguirá deixar de lado idéias obsoletas acerca de si mesmo e de como a vida "deveria" ser. Isso o fará se sentir mais feliz com o seu modo de ser e com as circunstâncias da sua vida.

Exercício para reconhecer as emoções que acompanham o envelhecimento:

- Que tipo de emoção aflorou em você quando percebeu que estava envelhecendo?
- O que você faz quando começa a sentir emoções negativas? O que você diz a si mesmo a esse respeito?
- Você tenta reprimir as emoções negativas? Se a resposta é sim, o que acontece com elas? Você acaba descarregando-as no momento errado ou sobre pessoas que não têm culpa de nada? Ou você as guarda bem lá no fundo do peito?

Estratégias para encontrar soluções:

- Se você ficou confuso e não lhe ocorreu nenhuma emoção que tenha sentido quando percebeu que estava envelhecendo, talvez seja hora de mergulhar mais fundo no seu mundo interior. Todos nós temos emoções, mas, para algumas pessoas, é uma verdadeira luta identificar que emoções são essas. Comece reparando nos seus pensamentos acerca do envelhecimento. Depois pergunte a si mesmo que sentimentos esses pensamentos *podem* provocar e observe qual dessas emoções se ajustam mais a você. (Para saber se uma palavra referese a uma emoção ou não, tente encaixar a palavra "acho" na mesma sentença. Se conseguir é porque não se trata de uma emoção.)
- Se você se considera imaturo ou ruim quando tem emoções negativas, assim que começar a se pôr para baixo, pare e diga a si mesmo, "Isso é normal. É bom estar consciente das minhas emoções e extravasálas". Repita isso quantas vezes for necessário, até começar a acreditar.

- Se você tem consciência do que está sentindo, mas não consegue expressar esses sentimentos, procure pelo menos extravasá-los de alguma maneira. Escreva a respeito. Se precisar fazer alguma coisa, como bater num travesseiro ou descarregá-los do seu organismo antes de expressá-los, faça isso. Em seguida, decida se você precisa mudar sua atitude ou o modo de lidar com a questão que causou a emoção. Mudar sua atitude significa decidir que, independentemente do que a tenha provocado, isso não merece que você gaste mais energia pensando no assunto. Se for alguma coisa realmente importante, enfrente-a — fale com a pessoa (ou pessoas) envolvida ou tome alguma providência para resolver o problema. O ponto crítico aqui é primeiro reconhecer a emoção e depois expressá-la de um modo que seja bom para você. Depois você pode lidar com as questões que desencadeiam suas emoções.

Reflexões finais

Quando consegue reconhecer e respeitar as emoções ligadas ao envelhecimento, você percebe que está passando por um processo normal, que acontece quando sofremos qualquer tipo de mudança ou perda. Não bloqueie seus sentimentos e saiba que você se torna uma pessoa sem idade quando aceita a si mesmo e todas as suas emoções.

"Depois de um certo tempo, nosso rosto torna-se nossa biografia."
— Cynthia Ozick

ONZE

Abra mão das imagens obsoletas

❧

Abrir mão das coisas é uma parte vital do processo de envelhecimento. Quando você é capaz de abrir mão das comparações que faz entre a pessoa que você é agora e a que foi na juventude, você consegue aceitar o processo de envelhecimento. Abra mão das imagens obsoletas que você cultiva de si mesmo, dos seus amigos e das pessoas que você ama. Quando se prende a essas imagens obsoletas, você torna a vida mais difícil, porque, num certo sentido, resiste a viver no presente. Você vive no passado. Você abrirá mão dessas imagens se aceitar as emoções que acompanham o envelhecimento, assim como já discutimos. Quando você se entrega completamente às suas emoções, sem negá-las ou represá-las, você dá a si mesmo o apoio de que precisa para abrir mão dessas imagens.

Pode ser incrivelmente difícil abrir mão de imagens obsoletas, especialmente se você se via como uma pessoa atraente, atlética, *sexy*, ágil, esperta ou vigorosa. A imagem que você vê agora no espelho toda manhã tem de mudar para bater com a realidade do seu atual estado de ser. Se redefinir sua auto-imagem para que fique mais condizente com a sua idade, você ainda pode ser *sexy*, atraente, bonito ou atlético. Você também pode manter a auto-imagem saudável da sua juventude. Pode ficar surpreso ao ver a diferença que faz o simples acréscimo da frase "para a minha idade" às afirmações positivas a seu respeito. Ela possibilita que você aprecie as capacidades e qualidades que tem no momento. "Sou um jogador de tênis muito ágil, para a minha idade."

Além de notar que nosso corpo envelhece, podemos perceber mudanças na nossa capacidade mental. Embora você possa conhecer pessoas de 70, 80 ou 90 anos que mostram a mesma lucidez da juventude, você talvez perceba que sua memória falha de vez em quando ou que seu raciocínio já não é tão rápido quanto antes. Para manter uma auto-imagem positiva mesmo se isso acontecer, diga a si mesmo, "Tenho o raciocínio bem rápido para a minha idade". Se perder a confiança em si mesmo, sua capacidade física e mental começará a atrofiar, pois você, pura e simplesmente, deixará de acreditar em si mesmo e nas suas capacidades. Têm sido realizados vários estudos sobre o poder da mente. Nas palavras de Henry Ford, "Se você acredita que pode, você está certo; se acredita que não pode, você também está certo!" Sua realidade é a sua visão das coisas no momento. Acredite em si mesmo ao mesmo tempo em que abre mão das imagens obsoletas acerca de quem você foi um dia.

> *"O caráter torna pele e ossos graciosos e cheios de vida; ele adorna rugas e cabelos grisalhos."*
> — Yehudi Menuhin

Um amigo meu, Joe, achava bem difícil aceitar que sua agilidade nos esportes havia diminuído com a idade. Ele ainda era um excelente jogador em sua categoria, mas estava perdendo dos adversários mais jovens que ele costumava derrotar. Joe também estava começando a sofrer lesões nos pés, nos tornozelos e nas costas, por tentar superar seus oponentes mais jovens. Ele estava contrariado porque continuava se vendo como costumava ser vinte e cinco ou trinta anos antes, não como era no presente. Ele não conseguia abrir mão das imagens obsoletas acerca de si mesmo e estava pagando caro por isso com suas lesões. Até que chegou o dia em que sofreu uma lesão tão grave que teve de ficar dois meses sem colocar os pés no chão. Esse foi o tempo de que ele precisava para refletir e reavaliar a visão que tinha de si mesmo, atualizando-a. Agora ele joga na retaguarda e só compete com jogadores com as mesmas condições físicas que ele — e está achando as competições muito mais estimulantes.

Também é importante abrir mão de imagens obsoletas que você tem dos seus amigos e entes queridos. Eles também estão envelhecendo. Não espere que seu marido ou esposa seja o avião que era vinte ou trinta anos atrás. Mantê-los presos a esse tipo de imagem só pode causar desilusão. Você consegue ver a beleza interior que eles têm? Esse é um aspecto que você nunca deve perder de vista. Você tem, ao mesmo tempo, de mudar a imagem que faz dos seus filhos, caso os tenha. Depois que eles saírem de casa, inicie um novo relacionamento com eles, mais adulto, se ainda não fez isso. Se não trata seus filhos como adultos, você certamente está perdendo uma parte muito significativa e maravilhosa do processo de amadurecimento, sem falar na chance de tê-los como amigos muito especiais.

Deixar de lado as velhas imagens é a chave para aceitar o envelhecimento. Quando você for capaz de abrir mão das idéias obsoletas acerca de como você (ou outra pessoa) foi um dia, você estará se libertando para usufruir a alegria do momento presente — para sentir a liberdade de ser uma pessoa sem idade.

Exercício para deixar de lado as imagens obsoletas:
- Anote todos os adjetivos que descrevem você no passado. Agora dê uma olhada na lista. Você pode dizer que ainda é _____ (preencha a lacuna) "para a sua idade"?
- Que imagens você tem do seu parceiro ou cônjuge, dos seus amigos, dos seus colegas de trabalho e dos seus filhos? Faça uma lista das características deles também. Você gostaria que essas pessoas tivessem uma qualidade que não é realista para a idade delas?
- Você já deixou de tratar seus filhos como crianças e passou a cultivar um relacionamento adulto com eles?

Estratégias para encontrar soluções:
- Se você acha difícil abrir mão das imagens obsoletas e tem sido duro consigo mesmo, por achar que já não é tão bom como antigamente, pegue a lista de adjetivos que escreveu anteriormente e repita para si mesmo: "Eu sou _____ (preencha a lacuna usando cada um dos adjetivos da lista), para a minha idade!" Faça isso tão freqüentemente

"Lembre, antes que seja tarde, que o negócio da vida não é fazer negócio, mas viver."
— B. C. Forbes

quanto necessário para começar a acreditar mais uma vez nas suas qualidades.

- Se você acha que está sendo duro demais com seu cônjuge, parceiro ou amigos, então comece a perceber que eles são tão bons, ou simplesmente tão _____ (preencha a lacuna), "para a idade deles", quanto foram um dia.
- Se você ainda não começou a ter um relacionamento adulto com seus filhos (ou com outros jovens com quem você convive), então comece agora, tendo uma conversa franca com eles. Peça que eles sejam sinceros com você (e considere o que eles dirão sem ficar na defensiva). Pergunte o que eles precisam que você faça para que possam iniciar um relacionamento de respeito mútuo com você. Procure dar a eles o que precisam para tornar viável esse novo relacionamento.

"Uma coisa é ver sua estrada, outra coisa é viajar por ela."
— Anônimo

Reflexões finais

Quando você se pegar comparando o passado com o presente, deixe de lado as imagens obsoletas que tem de si mesmo e dos outros. Isso o deixará livre para apreciar o processo de envelhecimento. Recorra à memória e lembre-se de que as características que descreviam você (ou outras pessoas) antes, provavelmente ainda o descrevem atualmente. Você sente que é uma pessoa sem idade quando aceita a si mesmo, sua família e seus amigos como eles são no *presente*.

Dê as Boas-vindas à Sabedoria
e às Dádivas do Envelhecimento

DOZE

Assuma um compromisso consigo mesmo

Os compromissos são importantes em todas as etapas da vida. Para que alguma coisa se concretize, é preciso que alguém assuma o compromisso de realizá-la. Existem, porém, vários níveis diferentes de compromisso. Por exemplo, se a sua vida depende de um certo remédio, você assumirá o firme compromisso de tomá-lo caso queira continuar vivo. Mas nós assumimos diferentes tipos de compromisso dependendo de quanto estamos preocupados com os resultados. Por exemplo, algumas pessoas reciclam papel, plástico e vidro só porque sabem que essa é a coisa certa a fazer; elas não têm um comprometimento profundo com a reciclagem. Se alguém joga uma lata ou uma garrafa na rua, isso não as preocupa porque o nível de compromisso delas é superficial. Algumas pessoas, por outro lado, estão tão preocupadas com o meio ambiente e tão dispostas a contribuir para a preservação do planeta que levam a reciclagem extremamente a sério.

Elas de fato fazem tudo o que está ao alcance delas para reciclar aonde quer que vão. É claro que você está comprometido com a idéia de ser uma pessoa sem idade; foi por isso que você resolveu ler este livro. Mas até que ponto vai esse seu comprometimento? Essa é a questão.

Até que ponto você está comprometido com a idéia de se desenvolver e se "transformar" — não só de envelhecer? Esses dois aspectos são os segredos do envelhecimento sem idade — desenvolver-se mentalmente, emocionalmente e espiritualmente, transformando-se na melhor pessoa que você pode ser neste momento da sua vida.

Assuma um compromisso sincero com esse processo de envelhecimento sem idade, pois é esse compromisso que vai ajudá-lo a conseguir os resultados que você quer. Sincero, neste caso, significa honesto com você mesmo e com quem você é agora — especialmente com as suas atitudes com relação a si mesmo e ao envelhecimento. Se você mente para si mesmo ou nega o jeito que você realmente vê o mundo e a si mesmo, este livro não o ajudará em nada.

A chave aqui é o seu compromisso de mudar — o seu compromisso de envelhecer de um modo que torne sua vida mais prazerosa, mais serena e mais vibrante. Você pode ter tudo isso enquanto envelhece, caso assuma esse compromisso.

Quando você se compromete com alguma coisa, a meu ver acontecem duas coisas: Primeiro, você encontra um bloqueio, uma barreira que bloqueará sua passagem. Se você tem um compromisso firme, superará essa barreira. Se não tem, essa barreira o impedirá de seguir em frente. A segunda coisa ocorrerá quando você vencer essa barreira. Você notará que as portas se abrirão e que encontrará apoio onde você não havia notado antes.

Anos atrás, depois de sofrer uma cirurgia de emergência para retirada do apêndice e ter de sobreviver algum tempo à base de canja de galinha, assumi o compromisso de ir para casa e só comer alimentos pouco gordurosos ou sem nenhuma gordura, por causa do meu colesterol. Cheguei em casa e todos os meus amigos foram me visitar, trazendo-me refeições. Adivinhe qual foi o primeiro prato que me trouxeram? Filé *mignon* com molho *béarnaise*. (Para quem não sabe, o molho *béarnaise* é pura manteiga.) Meus amigos, todos tão carinhosos, não sabiam da promessa que eu fizera a mim mesma. Ali estava minha barreira. Até que ponto eu estava realmente comprometida com a minha decisão de não comer gordura? Eu *realmente* queria baixar a minha taxa de colesterol? Bem, eu queria, é claro, mas tinha o compromisso *firme* de baixá-la? Não, nessa época eu não tinha. Comi o filé *mignon* e demorei anos até finalmente conseguir me abster das comidas gordurosas.

Alguns anos depois, assumi o compromisso de iniciar uma nova carreira descrevendo por escrito as providências que tomaria para isso. Eu estava tão determinada a vencer nessa nova carreira que não consigo nem sequer me lembrar das barreiras que tive de enfrentar; só me lembro das portas que se abriram: encontrei uma mulher que me despediu

> *"A vida é uma grande tela em branco e você tem de jogar nela toda a tinta que puder."*
> — Danny Kaye

quando eu era sua assistente. Como ela era empresária, aprendi por osmose como administrar uma empresa. Também me informei sobre os cursos que eu poderia fazer e com eles aprendi como fazer parcerias valiosas. As portas continuaram se abrindo, pois eu havia deixado bem claro para o mundo e para mim mesma que eu estava de fato comprometida com meus objetivos.

Qual seu nível de comprometimento com a idéia de se tornar uma pessoa sem idade? Você pode decidir isso *agora mesmo*. Ou pode esperar e ver o que fará com toda a informação deste livro, depois de terminar a leitura. Este livro dará a você idéias e opções acerca do tipo de pessoa que você vai querer ser quando estiver na terceira idade. Contudo, no final das contas, essa é uma decisão que só *você* pode tomar. Se você quiser ser uma pessoa sem idade, tem de assumir um compromisso sério de que realmente se dedicará a isso.

"Para realizar grandes feitos, temos de viver como se nunca fôssemos morrer."
— Luc de Clapiers

Exercício para assumir um compromisso consigo mesmo:
- Pense em alguns compromissos que tenha assumido no passado, tanto os mais firmes quanto os mais superficiais. Que barreiras você teve de enfrentar? Que portas se abriram para você (incluindo o apoio de outras pessoas)?
- Com que você está *profundamente* comprometido agora? Faça uma lista desses compromissos e outra relacionando as coisas com que está menos comprometido.
- Em que categoria está o envelhecimento sem idade?

Estratégias para encontrar soluções:

- Se você está com dificuldade para identificar seus compromissos, substitua-os por seus planos e objetivos (acrescentando também os das pessoas que são importantes para você).

- Se não tem um compromisso firme com o envelhecimento sem idade, você pode analisar as conseqüências dessa postura. Reserve algum tempo para olhar à sua volta e observar os idosos que estão realmente aproveitando a vida. Observe também aqueles que não estão. Converse com eles e procure perceber a diferença na atitude deles. Tenham consciência ou não, aqueles que aproveitam mais a vida um dia assumiram o compromisso de viver bem a idade madura.

- Se você consegue olhar seus compromissos passados e perceber as barreiras e as portas que se abriram, isso o ajudará identificá-los no futuro. Se você não consegue pensar em nenhum obstáculo ou apoio que tenha tido ao tentar cumprir seus objetivos ou planos, interrogue alguém próximo a você — na sua vida pessoal ou profissional (dependendo do objetivo ou compromisso) —, para que essa pessoa o ajude a se lembrar.

Reflexões finais

Assumir o firme compromisso de se desenvolver do ponto de vista mental, emocional e espiritual, tornando-se a melhor pessoa que você pode ser agora, é importante — até mesmo vital — para se tornar uma pessoa sem idade. Isso significa não deixar que as barreiras impeçam você de fazer escolhas que levem a mudanças positivas na sua vida. Isso pode significar que você terá de mudar sua atitude com respeito ao que é possível: assumir um compromisso também significa apreciar quem você é agora.

Dê as boas-vindas à sabedoria e às dádivas do envelhecimento

TREZE

Mantenha o alto-astral: surpreenda-se e admire-se com a vida

❧

Um dos instrumentos mais eficazes para você usar à medida que envelhece é o alto-astral. Interrogue as pessoas de sucesso e elas lhe dirão que tiveram de manter uma atitude positiva com relação a seus objetivos. Do contrário, elas certamente teriam desistido e deixado de alcançar o sucesso.

Evidentemente, atitude positiva significa olhar o lado bom de qualquer coisa: "Que proveito posso tirar disso? Qual é a dádiva ou o aprendizado que isso me proporciona?" Quando você tem esse tipo de visão da vida, até os momentos e acontecimentos mais dolorosos podem servir para lhe trazer lucidez e um sentimento de paz, simplesmente porque você tem a atitude que promove esse tipo de resultado.

É preciso mais do que atitude, no entanto: é preciso se surpreender e admirar-se com a vida. São muitas as pessoas, hoje em dia, independentemente da idade, que perderam essa capacidade de se surpreender e se admirar. Não estou dizendo que elas não sejam pessoas valorosas, bondosas e gentis. Estou usando essas palavras no sentido figurado, que, na verdade, é também seu sentido mais literal. Se você olha a vida com assombro e admiração, não existe *nenhuma expectativa* com relação ao modo como as coisas deveriam ser. *As expectativas são, a meu ver, o maior responsável pela destruição da felicidade no mundo de hoje.* Estamos falando sobre ter um objetivo, e isso é bom. Nós avaliamos os esforços necessários para atingir os resultados que queremos. Mas, então, armamos o cenário para nos desapontar, pois esperamos que os resultados sejam exatamente aqueles que previramos. Perdemos de vista o fato de que tudo neste mundo está sujeito a fatores imprevisíveis. As outras pessoas e as circunstâncias externas (como o tempo, por exemplo) são alguns desses fatores. Mesmo assim, nós nos decepcionamos quando algo não sai de acordo com o planejado e ficamos deprimidos, em vez de simplesmente seguir adiante. Se, por outro lado, adotássemos uma atitude de surpresa e admiração, nos pouparíamos de uma grande dose de decepção, raiva e ressentimento.

Da próxima vez que você tiver um projeto, um objetivo ou um plano, em vez de decidir que resultado ele trará, procure se *surpreender* com o que ele trará. Admire os resultados, sejam eles quais forem. Quando você encarar cada aspecto da sua vida, cada acontecimento, projeto, interação ou objetivo, com uma atitude de admiração e reverência, você se

> *"Grande parte da nossa felicidade depende da nossa disposição, não das circunstâncias da vida."*
> — Martha Washington

> *"A vida é tão bem arquitetada que os acontecimentos não preenchem nem nunca poderão preencher nenhuma expectativa."*
> — Charlotte Brontë

sentirá muito mais feliz com os resultados. Com essa simples mudança de perspectiva, você se livrará de grande parte do seu *stress*. Você recuperará sua capacidade de se admirar e de se surpreender com a vida.

Quando eu trabalhava para uma empresa que promovia seminários, eu viajava pelo país todo fazendo apresentações e anunciando os intervalos das conferências. Os horários eram extenuantes. Eu saía de casa no domingo e, na segunda-feira, já estava vestida e pronta para o trabalho às sete da manhã. Então eu me encontrava com as outras pessoas que participariam do evento, para iniciar os preparativos. Por cinco dias consecutivos, visitávamos uma cidade por dia, numa jornada de catorze horas de trabalho, apresentando-nos para audiências em geral compostas de centenas de pessoas.

Toda manhã entrávamos logo cedo na sala de reunião, muitas vezes só para descobrir que ela não fora preparada do jeito que deveria ter sido. Eu poderia deixar que isso me chateasse, pois era mais um fator de tensão num dia que já seria extenuante. Em vez disso, eu acordava e dizia a mim mesma, "Bem, que tipo de surpresa este dia me reservará?" Essa simples mudança de atitude, que me preparava para um dia cheio de surpresas em vez de apreensão, fez a minha vida muito mais feliz diante das circunstâncias.

Em vista do que eu disse aqui, manter uma atitude positiva significa olhar para a sua própria vida, sem compará-la com a das outras pessoas. Se você começar a se comparar com outras pessoas da sua idade, ou o que você é agora com o que você era antes, certamente ficará desapontado e rabugento. Olhe a sua vida apenas com uma atitude positiva, sem esperar resultados e sem se comparar com os outros. Quando fizer isso, você terá encontrado uma importante chave do envelhecimento sem idade.

Exercício para se admirar e se surpreender com a vida:
- Qual é o seu Q.A. (Quociente de Atitude)? Em outras palavras, como você encara os acontecimentos da sua vida? Como as pessoas costumam se enganar, dizendo que pensam positivo quando na verdade não pensam, dê a si mesmo alguns exemplos que provem que você olha o lado bom das coisas quando a vida não toma o rumo que você esperava. Que dádivas ou lições você recebeu nessas circunstâncias? Pergunte a cinco pessoas que o conheçam bem se elas acreditam que você tem uma atitude positiva. Acredite no que elas dizem!
- Que tipo de expectativa você *geralmente* alimenta com relação aos projetos, objetivos e planos em que se envolve?
- Que tipo de expectativa você tem com relação a si mesmo e às outras pessoas? Você espera perfeição?
- Você às vezes se pega comparando a sua vida com a das outras pessoas? Como você se sente ao fazer isso?

Estratégias para encontrar soluções:
- Se você acha que não é o tipo de pessoa que olha o lado positivo das coisas, comece a ler livros de motivação. Leia o Capítulo 19, sobre gratidão, e siga as estratégias apresentadas ali. Sempre que você se pe-

gar pensando ou falando algo negativo, pare no meio da sentença e tente reformulá-la concentrando-se no positivo. (Isso não significa que você deva fazer vista grossa para trabalhos malfeitos. É claro que, se algo precisar ser refeito, então é importante reparar nas características negativas. Mas, antes de verificar o que não está bom, procure notar o que está.)

- Da próxima vez que você estiver se envolvendo numa situação em relação à qual sente que está nutrindo certas expectativas, pare e anote-as por escrito. Depois jogue o papel no lixo. Depois que tiver investido tempo e energia em alguma coisa, em vez de decidir o que *tem* de resultar daí, diga a si mesmo, "Bem, eu gostaria de saber no que isso vai dar" ou, se você enfrenta desafios diariamente, pergunte a si mesmo, "Que *surpresas* este dia me reserva?", em vez de dizer, "Que problemas vou enfrentar hoje?"
- Se você vive nutrindo expectativas altas demais, você sempre ficará desapontado com os resultados. Você está infeliz consigo mesmo e com os outros porque está se baseando em padrões que estão fora da realidade. Da próxima vez que estabelecer padrões para si mesmo ou para outra pessoa, pergunte a si mesmo, "Estou sendo realista? Será que uma pessoa normal e competente consegue mesmo fazer isso no tempo que estabeleci?" Se você acha que a resposta é sim, peça a opinião de outra pessoa, alguém que você admira e em quem confia. Depois leve em conta o ponto de vista dela.
- Se você é o tipo de pessoa que compara sua vida com a de outras pessoas, pare com isso. Se não conseguir parar imediatamente, então, em vez de comparar sua vida com a de alguém que tenha obtido mais

conquistas, mas não seja feliz, compare-a com a daqueles que tenham menos do que você, mas sejam gratos por tudo o que têm.

Reflexões finais

Existe um ditado segundo o qual "É a sua atitude que determina a sua altitude". Até que ponto você pode se elevar com a atitude que tem agora? A maneira como você vê as coisas determina a sua realidade e, se você tem uma atitude negativa e acredita que a vida é cruel, você não sentirá alegria nem paz de espírito quando estiver envelhecendo. Procure reparar no que funciona na sua vida (em oposição ao que não funciona). Estabeleça objetivos e se deixe surpreender pelos resultados, em vez de achar que tudo *tem* de sair do seu jeito. Concentre-se apenas na sua vida e pare de compará-la com a de outras pessoas. Se você tomar esse tipo de atitude, certamente conseguirá se tornar uma pessoa sem idade.

"O verdadeiro truque é continuar vivo ao longo de toda a vida."
— Ann Landers

QUATORZE

Tome decisões vitoriosas

Quando você tiver um leque de possibilidades à sua frente e estiver prestes a fazer uma escolha, tome uma decisão vitoriosa. Analise cada opção e decida o que você pode ganhar ou perder com cada uma delas. Se acreditar que toda decisão o levará ao caminho do sucesso, você já se prepara para seguir na direção certa.

Depois que fizer sua escolha, não se arrependa. Não faça aquele joguinho do "Ah, se eu tivesse...". Você pode viver cheio de arrependimentos *ou* pode acreditar que tomou a melhor decisão possível naquele dado momento. (Você tomou!) Essa é outra escolha que você faz: Que tipo de atitude você tem antes e depois de tomar uma decisão? Assuma o compromisso de se dar bem no caminho que escolheu trilhar. Perceba que, se você ficar insatisfeito com a sua escolha, *depois* que tiver dado tempo a si mesmo para colocá-la à prova, sempre existe a chance de fazer uma escolha diferente mais tarde. A maioria de nós tem tanto medo de tomar a decisão errada que se nega a seguir em frente. Gastamos um tempo enorme nos preocupando com a nossa decisão final, o que só serve para gerar mais tensão. Embora seja importante avaliar nossas possibilidades, também é fundamental escolher uma delas e ter coragem suficiente para enfrentar os resultados.

Quando você toma uma decisão e volta atrás, arrependendo-se do que fez, você acaba vivendo a vida toda cheio de remorsos. Se você não se livrar desses remorsos, vai acabar ficando ressentido com as outras pessoas, com as circunstâncias e com outras coisas mais. Você pode acabar encarando suas escolhas com amargura. Isso, também, só cabe a você. Como você quer viver a sua vida? Com remorsos, ressentimentos e amargura? Ou com alegria, poder e paz de espírito? Você controla sua vida de acordo com o modo como toma suas decisões e as encara.

"A excursão é a mesma, esteja você procurando a dor ou a felicidade."
— Eudora Welty

Embora possa parecer simples, para algumas pessoas é bem difícil pôr isso em prática. Tudo o que é preciso, no entanto, é mudar a maneira como você vê as coisas e passar a fazer escolhas mais positivas. Você precisa acreditar: "Eu *vou* me dar bem, seja qual for a decisão que tomar. Posso aprender, crescer e me aperfeiçoar (profissionalmente, etc.) seja qual for o caminho que eu escolha trilhar". Com esse tipo de raciocínio, sua vida muda e passa a proporcionar mais compreensão, crescimento e paz de espírito, quando não felicidade. Opte por viver sem arrependimentos e *acredite* que você tomou a melhor decisão que podia tomar na ocasião. Depois, simplesmente siga em frente.

Às vezes nós nos arrependemos porque culpamos os outros por não nos dar uma promoção, por nos demitirem do nosso emprego, por não aceitarem nossa proposta de casamento ou por não nos deixar ter outro filho. Se quisermos, podemos simplesmente culpar as outras pessoas ou as circunstâncias externas por todos os nossos problemas. Isso, na verdade, só serve para dar às outras pessoas poder sobre nós. Ficamos com dó de nós mesmos e nos sentimos impotentes. É normal sentir um arrependimento temporário quando os acontecimentos têm repercussões que não esperávamos, mas quando você se prende a essa emoção, ela pode ser prejudicial. Ficar se torturando por causa das escolhas que fez no passado só machucará seu coração e encherá seu rosto de rugas. Se você está arrependido por não ter feito alguma coisa, lembre-se de que você não podia adivinhar o que a vida lhe reservava. O arrependimento vem do fato de você *achar* que sabe como a vida deveria ser ("Se ao menos...") A verdade, porém, é que você não tem como saber. Nem tudo na vida são flores. Não se engane. Não existe ninguém cuja vida seja um mar de rosas. (Se você não concorda, tem de cair na realidade, pois só está machucando a si mesmo ao acreditar nesse conto de fadas.) Se acreditar que a vida é um mar de rosas, tudo o que você fizer, toda decisão que tomar acabará levando-o rumo à infelicidade. Estamos aqui para aprender com nossos erros e crescer com eles. É para isso que eles existem — para que possamos descobrir novas verdades. Se não aprendermos com os nossos erros, sempre acabaremos topando com as mesmas lições. Elas podem vir de outras formas ou surgir em ocasiões diferentes, mas, até que aprendamos certas verdades universais, o mesmo tipo de dificuldade acabará surgindo em nossa vida.

Uma das minhas clientes, Sara, descobriu que estava arrependida do casamento que desfizera pouco tempo antes. Ela lamentava ter se casado com a pessoa errada no momento errado, crente de que, com exceção do filho, nada de bom o casamento havia acrescentado à sua vida. Contudo, embora ela quisesse muito mudar de vida, a raiva, a mágoa e o remorso que ela sentia mantinham-na emocionalmente presa ao ex-marido e a impediam de levar sua vida adiante — tanto no nível pessoal quanto no trabalho. A tensão gerada pelo seu diálogo interior, que não lhe dava trégua e aumentava cada vez que ela encontrava o ex-marido, começava a cobrar seu tributo. Ela começou a ter erupções de pele e problemas respiratórios, que pioravam durante os encontros com o ex-marido e depois deles. Os médicos a ajudavam a controlar os distúrbios externos, mas ela sabia que existia muito mais por trás deles. Quando Sara começou a trabalhar comigo, ela queria descobrir como poderia mudar sua atitude de modo que os encontros com o ex-marido não a deixassem tão estressada. Ela tinha consciência de que o diálogo interior negativo provocado pelo ressentimento e pela raiva que tinha do ex-marido era, em parte, o que estava causando seus problemas. Ela sabia que queria se beneficiar com a decisão que tomara de acabar com o casamento e mudar de vida. Essa decisão — mudar sua perspectiva — ajudou-a a reduzir os sintomas físicos e lhe trouxe mais paz de espírito.

Exercícios para tomar decisões vitoriosas:
• Pense numa decisão que você tem de tomar em breve. Anote todas as opções possíveis. Depois escreva tudo o que você pode ganhar ou

aprender ao fazer cada uma dessas opções. Em seguida, anote os desafios que cada opção apresentará. (Trata-se basicamente de uma lista de prós e contras de cada opção.) Você precisa conhecer todas as possibilidades para fazer uma escolha, em vez de focalizar apenas uma.

- Tome sua decisão final. Escreva todos os fatores positivos dessa escolha e leia essa lista duas vezes por dia. Faça presságios positivos e fixe-os em lugares onde possa vê-los. Comece prestando atenção ao que você está aprendendo e no modo como está crescendo com a escolha que fez. Faça um diário relatando esse crescimento.
- Dê a si mesmo os parabéns por ter tomado uma decisão vitoriosa. Faça algo para celebrar sua sábia escolha!

"Se pudéssemos ser duas vezes mais velhos, poderíamos corrigir todos os nossos erros."
— Eurípedes

Estratégias para encontrar soluções:

- Se você não consegue identificar os resultados positivos de algumas das escolhas que fez, converse com seus amigos mais próximos e pergunte a eles se podem ajudá-lo. Se, mesmo juntos, vocês não conseguirem identificar nenhum benefício resultante de alguma escolha, então, obviamente, sua escolha não foi a mais acertada. No entanto, se você não consegue ver os benefícios de *nenhuma* escolha que fez, isso é sinal de que você tem de mudar a maneira como vê as coisas e começar a ver o lado positivo de cada uma delas. Investigue em profundidade os aspectos positivos ou motivadores de cada escolha.
- Use as técnicas apresentadas no Capítulo 8 para identificar o que é melhor, caso precise de mais opções.
- Não se esqueça de celebrar a decisão que tomou. A celebração é um jeito saudável de reconhecer algo novo em sua vida!

Reflexões finais

Para tomar decisões vencedoras, acredite em si mesmo e na sua capacidade de fazer a melhor escolha num dado momento. Acredite que você tomou a decisão certa ou a melhor possível. Depois siga em frente, sabendo que independentemente dos resultados, você aprenderá e crescerá com a decisão que tomou. Quando encara suas escolhas desse modo, você descobre que todas as decisões o levam ao envelhecimento sem idade.

> *"Não são os anos da sua vida que contam, mas a vida que viveu nesses anos todos."*
> — Adlai Stevenson

QUINZE

Viva o dia de hoje

❧

Viver o dia de hoje significa simplesmente isto: mantenha os olhos no presente — não no passado ou no futuro. Embora isso envolva alguns pontos discutidos em outros capítulos, aqui discutiremos esse assunto com mais profundidade. Não se trata de um conceito novo — o sofrimento pode ser causado pelo fato de vivermos no passado ou no futuro. Nossa cultura nos treinou para viver desse jeito; contudo, para viver satisfeito e ter paz de espírito, você precisa viver a sua vida no presente.

Isso não significa que não seja bom ter reminiscências. É importante lembrar os momentos bons que tivemos na vida. Mas, se quisermos ter uma vida prazerosa enquanto envelhecemos, não podemos viver presos ao passado, cercados pelas lembranças de como as coisas eram (melhores) antigamente. O mesmo vale para quem vive pensando no futuro. É necessário fazer planos, especialmente no que se refere aos aspectos logísticos da sua vida — planejar uma mudança, a aposentadoria ou as férias. Mas, se você ficar o dia todo pensando, "Quando isso acontecer, então eu serei feliz", isso só vai lhe causar sofrimento. Logo que seu sonho se concretizar, você vai descobrir que quer ou precisa de outra coisa para ser feliz.

Comece a viver o dia de hoje. De tudo o que está acontecendo na sua vida agora, o que você acha bom? O que precisa mudar? Faça algo para que isso aconteça; não fique simplesmente desejando que a sua vida fosse diferente. Concentre-se no que você está fazendo agora. Neste caso, você está lendo este livro; mergulhe na leitura, pense sobre ela, e não se deixe distrair pela faxina que precisa ser feita, pela consulta médica que você tem amanhã nem por outra coisa qualquer. Fique simplesmente no agora, no momento, enquanto lê este livro.

Sempre que estiver fazendo alguma coisa, concentre-se no que faz. Não se deixe distrair por preocupações, compromissos que tem de cumprir ou outra coisa qualquer. Quando conseguir se concentrar na tarefa que tem pela frente, em vez de ficar perdido em divagações, você descobrirá que sente mais paz de espírito e alegria em *tudo* o que faz.

Evidentemente, é muito fácil manter a atenção em tarefas momentâneas ou em atividades que lhe trazem contentamento, seja costurar, ler, nadar ou jogar golfe. Mas isso também vale para os aspectos mais corriqueiros da vida. Se você tiver de executar uma tarefa chata no traba-

> *"Uma vida longa pode não ser boa o suficiente, mas uma vida boa é longa o suficiente."*
> — Benjamin Franklin

lho ou em casa, saiba que elas ficarão menos aborrecidas se você concentrar a atenção nelas *no momento* — sem ficar pensando em quanto seria bom estar fazendo algo diferente.

Tente fazer isso ao cumprir um dever que lhe desagrada. (Talvez você queira voltar a fazer essa atividade depois de ler o Capítulo 17, sobre como eliminar o que você não gosta.) Quando descobrir que você tem de fazer algo de que não gosta, varra da mente todos os pensamentos enquanto estiver cumprindo essa tarefa. Concentre-se completamente no que está fazendo.

Aprendi esse conceito anos atrás e decidi experimentá-lo com uma das tarefas que mais me aborrecem — limpar a casa. Peguei o esfregão, concentrei-me nele enquanto o torcia para tirar o excesso de água e fixei atentamente a área que eu devia limpar. Observei cada grãozinho de poeira e o modo como o esfregão acabava com eles. Prestei atenção no barulho que o esfregão fazia ao deslizar pelo chão. Senti meus dedos em volta do cabo e a textura do plástico, do esfregão e do chão. Se você conseguir ficar no momento tão intensamente quanto eu acabei de descrever, duas coisas certamente acontecerão: (a) A tarefa acabará mais rápido, porque você não vai ficar pensando em quanto seria bom estar fazendo outra coisa e sua concentração não diminuirá, e (b) Você não só achará a tarefa mais agradável — porque você não a estará comparando como nenhuma outra coisa que poderia estar fazendo —, como também a fará como se fosse um tipo de meditação. Ela pode servir como uma higiene mental, pois você banirá da mente todos os outros pensamentos. (Esse é um dos objetivos da meditação — acabar com a tagarelice da mente.)

O fato de viver no momento dá uma paz interior que prevalece até mesmo nos momentos mais estressantes. Se você está com raiva ou com medo, dê vazão a esses sentimentos. Não os reprima, fingindo que sabe lidar com eles. É claro que você sabe! Mas isso não pode impedi-lo de senti-los também. É importante ficar no momento e dar vazão aos sentimentos porque, como mencionei antes, você consegue superar as emoções mais facilmente quando consente em senti-las, em vez de tentar se livrar delas.

Se você quer ser uma pessoa sem idade, comece agora mesmo a saborear cada momento, a viver o tempo presente. Quando você se limita a ficar onde está no momento, a fazer o que tem à mão no momento, sem pensar no que aconteceu no passado, em como as coisas poderiam ter sido ou em como poderão ser no futuro, você se surpreende com um grande sentimento de paz.

Sempre que você começar a se sentir agitado com relação ao que está acontecendo, pergunte a si mesmo: "Estou vivendo o momento ou estou desejando que as coisas fossem diferentes?" Lembre-se de que somos "ser-es" humanos não "faz-edores" humanos, portanto, precisamos ser, não apenas fazer. Se você quer ser um ser humano, fique no presente e viva o dia de hoje.

> *"Preste atenção no modo como você encara o tempo. Olhar o relógio não é o mesmo que olhar o nascer do Sol."*
> — Anônimo

Exercício para viver o dia de hoje:

- Quanto tempo você passa pensando ou devaneando sobre o que passou, sobre como as coisas poderiam ter sido, sobre como as coisas eram antigamente?
- Quanto tempo você passa pensando sobre o futuro ou se preocupando com ele, sobre onde você precisa ir, sobre todas as tarefas que tem para fazer em tão pouco tempo, sobre o que você gostaria de estar fazendo em vez de ter de cumprir essas tarefas todas ou sobre o que acontecerá daqui a pouco?
- Você já tentou viver completamente no presente, mesmo enquanto realiza seus deveres ou tarefas desagradáveis, como no exemplo do esfregão, mencionado anteriormente? Você acha que é possível sentir paz interior fazendo alguma coisa de que você não gosta?

Estratégias para encontrar soluções:

- Se você não faz idéia de quanto tempo passa pensando no futuro ou no passado, tente o seguinte: Pegue uma folha de papel em branco e divida-a em três colunas: "Passado", "Presente" e "Futuro". Prepare seu relógio ou despertador para despertar em dez ou quinze minutos. Quando ele despertar, observe o que você tinha em mente nesse período de tempo. Faça uma marca à caneta em uma das três colunas, dependendo do pensamento que você teve. Assim você terá uma idéia mais clara do tipo de coisa em que costuma pensar.
- Se você nunca tentou nada parecido com o exemplo do esfregão, seria maravilhoso que experimentasse. Contudo, disponha-se a aceitar a possibilidade de que uma tarefa desagradável pode gerar um esta-

do de calma e meditação, quando feita da maneira explicada. Se você já está convencido de que essa experiência não dará certo, não há por que tentá-la, pois você já estará prejulgando os resultados.

Reflexões finais

Sempre que viver no momento presente, você achará a vida mais prazerosa. Você não estará comparando este momento com alguma situação do passado nem com o futuro, que é apenas um devaneio. Você estará vivendo todas as coisas como elas são no momento. Sentirá paz, alegria e graça a cada instante, caso se disponha a isso. Deixar-se ficar no dia de hoje, viver o momento, é um elemento fundamental do envelhecimento sem idade.

DEZESSEIS

Destile a essência das suas alegrias

❧

Já ouvi muitas pessoas idosas dizendo, "A vida não tem mais graça. Antes eu conseguia fazer isto ou aquilo, e agora, por causa do meu problema de coração (ou de outro problema qualquer), não posso fazer mais nada!" No momento em que a pessoa deixa de ser capaz de fazer alguma coisa, é compreensível que ela se sinta triste, zangada, envergonhada e/ou ressentida. No entanto, se ela se fixar nessas emoções, estará impedindo a si mesma de encontrar novos prazeres na vida que ela tem no momento. Embora existam pessoas que possam esquiar, fazer caminhadas ou correr aos 90 anos, a maioria, quando começa envelhecer, desiste dessas atividades ou passa a ter moderação nas áreas em que antes tinham um desempenho formidável.

Às vezes, nossos joelhos simplesmente se desgastam ou literalmente vão a nocaute devido ao uso e ao peso das tribulações. Isso faz parte do dever que você tem de respeitar seu corpo e o ritmo dele. Então o que fazer? Desistir, resignar-se e acreditar que a vida já não tem nada a lhe oferecer, pois você não pode mais realizar uma certa atividade? Isso não é ser uma pessoa sem idade! Para envelhecer com alegria e dignidade, você não pode deixar de ter alegria na vida, seja lá como for. Então, como fazer isso?

Você faz isso descobrindo a *essência* das suas alegrias. Digamos que você, quando jovem, adorava jogar futebol. Mas você não pode jogar mais. Você destila a essência dessa paixão perguntando a si mesmo, *Por que eu gostava tanto de jogar futebol?* Será que é porque é um esporte de equipe? Será a camaradagem entre os jogadores? Os fãs gritando da arquibancada? O fato de estar no palco, por assim dizer? Ou será o jogo em si? Será que eu gostava das táticas? De correr no gramado? Ou de simplesmente ficar ao ar livre num dia claro de outono? Pense em todos esses aspectos que o faziam adorar esse esporte e depois encontre outro jeito de incluir esses aspectos do futebol na sua vida atual.

> *"Eu acho que a vida é um livro bom. À medida que você o lê, mais ele começa a fazer sentido."*
> — Harold S. Kushner

Vamos tomar outro exemplo. Digamos que você era uma jovem que adorava dançar balé. O que mais a atraía no balé? O treinamento intenso? O alongamento e o fato de ele levar seu corpo a fazer coisas que você não se achava capaz de fazer? A música clássica ao piano como acompanhamento? Dançar ao ritmo da música, sem se importar muito com a coreografia? Usar sapatilhas e aquelas roupas de balé? Fazer recitais? Faça uma lista dos aspectos que faziam do balé uma alegria em sua vida. Essa lista contém os ingredientes ou a essência das suas alegrias.

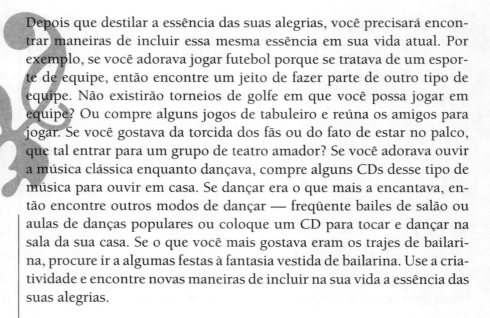

Depois que destilar a essência das suas alegrias, você precisará encontrar maneiras de incluir essa mesma essência em sua vida atual. Por exemplo, se você adorava jogar futebol porque se tratava de um esporte de equipe, então encontre um jeito de fazer parte de outro tipo de equipe. Não existirão torneios de golfe em que você possa jogar em equipe? Ou compre alguns jogos de tabuleiro e reúna os amigos para jogar. Se você gostava da torcida dos fãs ou do fato de estar no palco, que tal entrar para um grupo de teatro amador? Se você adorava ouvir a música clássica enquanto dançava, compre alguns CDs desse tipo de música para ouvir em casa. Se dançar era o que mais a encantava, então encontre outros modos de dançar — freqüente bailes de salão ou aulas de danças populares ou coloque um CD para tocar e dançar na sala da sua casa. Se o que você mais gostava eram os trajes de bailarina, procure ir a algumas festas à fantasia vestida de bailarina. Use a criatividade e encontre novas maneiras de incluir na sua vida a essência das suas alegrias.

Eu adoro viajar; essa é uma paixão que sempre tive. Uma das minhas atividades favoritas — uma das essências da minha paixão pelas viagens — é viajar pelas estradas secundárias da Europa, admirando as paisagens, o cenário natural e as cidadezinhas graciosas ao longo do caminho. Quando o trabalho me impede de sair da Califórnia, eu incluo essa essência em minha vida dirigindo meu carro pelas estradas secundárias dos condados vizinhos ao meu. Não, não é a Europa, mas isso também me dá um grande prazer.

Uma amiga minha adorou tomar chá da tarde em Victoria, no Canadá. Lá as casas de chá têm uma atmosfera tão elegante, nostálgica e nobre que ela se sentiu uma verdadeira rainha. Quando voltou de viagem, ela tirou do armário toda porcelana que tinha e organizou ela mesma um chá da tarde com as amigas; convidou a filha adolescente e uma amiga para servirem o chá e teve uma experiência semelhante à que tivera em Victoria.

Uma cliente aplicou essa técnica à sua paixão por tricô e crochê. A artrite nas mãos tornava cada vez mais difícil o trabalho com agulhas mais finas. Quando ela descobriu a essência da sua alegria, percebeu que era, sobretudo, a solidão, a atenção aos detalhes e a apreciação do belo que mais a agradavam antes. Ela passou, então, a praticar ikebana — a arte japonesa de fazer arranjos de flores. Essa arte também permitia que ela trabalhasse em solidão e pudesse apreciar a beleza de suas criações, além de provocar bem menos dor em seus dedos do que o tricô e o crochê.

Algumas pessoas só dificultam as coisas para si mesmas dizendo, "Bem, se não posso fazer isso do modo como fazia antes, então não quero mais fazer". Se você quer envelhecer com alegria, tornando-se uma pessoa sem idade, então destile a essência das suas alegrias e inclua essa essência em sua vida de muitas maneiras possíveis.

Exercício para destilar a essência das suas alegrias:
• Quais eram suas maiores alegrias muitos anos atrás (na infância, na adolescência, na idade adulta) e que já não fazem mais parte da sua vida?

> *"À medida que vai ficando velho, você descobre que as únicas coisas de que se arrepende são aquelas que deixou de fazer."*
> — Zachary Scott

- Do que você desistiu por causa das suas condições físicas, psicológicas ou financeiras?
- Pegue a lista acima e encontre a essência de cada uma das suas alegrias: Pergunte a si mesmo a cada item da lista: "O que eu mais adorava com relação a _____?" Anote esses elementos ou a essência de cada atividade.
- Encontre novas maneiras de incluir esses elementos na sua vida de um modo compatível com o seu atual estilo de vida.

Estratégias para encontrar soluções:

- Se você tem dificuldade para lembrar coisas do passado, pergunte aos seus filhos, parentes ou amigos de longa data sobre o que você mais gostava de fazer na juventude.
- Se você consegue fazer tudo de que mais gosta e não teve de desistir de nada por motivo de saúde, continue assim. Agora você saberá o que fazer se problemas físicos ou financeiros o obrigarem a mudar seu estilo de vida.
- Se encontrar dificuldade para destilar a essência das suas alegrias, converse com seus amigos e entes queridos também. Peça para que o ajudem a encontrar novas possibilidades que possam ser a essência dos seus prazeres e diferentes modos de incluir essa alegria em sua vida de outro modo.

Reflexões finais

A vida, em qualquer idade ou etapa, pode ser cheia de vitalidade, paixão e entusiasmo, se você tem prazer em viver. Quando você traz de volta para a sua vida a essência das suas alegrias, ela se torna muito mais feliz. Se você insiste em dizer que essas novas atividades não substituem as que você fazia antes e as considera não tão prazerosas, isso só lhe trará descontentamento. Em vez disso, aprecie essas novas essências como algo diferente e estimulante e, ao mesmo tempo, lembre-se de que os seus desejos mais profundos, a essência das suas alegrias, estão sendo satisfeitos.

DEZESSETE

Elimine o que você não gosta e não pode ser mudado

Depois de destilar as suas alegrias, o segundo passo para ter uma vida feliz à medida que envelhece é eliminar da sua vida o que você não gosta e não pode mudar. Que coisas são essas — sejam grandes ou pequenas — com as quais você não consegue viver bem? O que você pode mudar? Seja honesto quanto a isso, pois em geral há coisas que podemos mudar, mas temos medo de tentar e fazer o esforço necessário ou de confrontar uma pessoa cujo comportamento não nos agrada. Nós podemos fazer essas mudanças, mas temos de ser persistentes para concluí-las. Não deixe de tomar essa providência, caso queira ter alegria na idade madura. Você terá de ser firme com relação ao que quer.

Se você tentar empreender essas mudanças e não conseguir, ou se foi firme com relação aos comportamentos que não aprova, mas encontrou resistência por parte da pessoa em questão, é hora de encontrar outras maneiras de lidar com esse problema. Que necessidades você precisa eliminar para ter mais alegria?

Muitas pessoas vivem resignadas. Elas se conformam em realizar atividades que não oferecem nenhum risco para elas, mas que também lhes dá pouco ou nenhum prazer. Elas enfrentam pequenos aborrecimentos, com os quais já se acostumaram a viver, e afirmam que sempre terão de conviver com eles. Por exemplo, os deveres que assumiram podem ser um desses aborrecimentos ou um fator de *stress*; trata-se daquelas coisas que precisam ser feitas, mas que elas detestam fazer. Limpar o banheiro não é algo que matará você, mas é uma tarefa que você sempre termina com um pouco de ressentimento no peito. Ou você pode odiar o fato de ser a *única* pessoa da casa que leva o lixo para fora. Evidentemente, não há nada que o impeça de fazer isso, mas você preferiria cuidar do jardim ou lavar a louça. Existem coisas que você suportou durante anos só porque sempre achou que elas tinham de ser feitas e você era a única pessoa responsável por fazê-las. Existem modos, no entanto, de eliminar esse tipo de tarefa ou de transformá-las um pouco, *se* você estiver disposto a aceitar as alternativas.

Se você não gosta de limpar a casa, por que limpa? Tudo bem, você gosta de ver a casa limpa, mas aqui vão duas perguntinhas para você fazer a si mesmo: Primeiro, você é perfeccionista e acha que tem de limpar a casa o tempo todo? Em outras palavras, se você fizer uma faxina uma vez por semana, durante algumas horas, em vez de passar o dia inteiro pondo as coisas em ordem, você não seria mais feliz? Você consegue aceitar a alternativa de morar numa casa que não está sempre imaculadamente limpa? Segundo, quem disse que é você que tem de limpar a casa? Você já pediu a ajuda do seu cônjuge ou parceiro, ou das outras pessoas que moram na casa? Você já experimentou passar a eles a responsabilidade de colaborar para manter a casa limpa? Já pensou na possibilidade de revezar a faxina com outra pessoa? O revezamento é uma maneira excelente de se livrar das tarefas de que você não gosta e não pode mudar.

> *"Se você não arrisca nada, está correndo um risco ainda maior."*
> — Erica Jong

Por fim, dê uma olhada no seu orçamento. Se você detesta fazer faxina, será que não pode eliminar alguma coisa do seu orçamento (como comprar roupas novas com tanta freqüência ou tomar *cappuccino* diariamente) e arrumar uma faxineira? Existem maneiras criativas de eliminar da sua vida o que você não gosta — se você estiver disposto a gastar o tempo necessário para pensar a respeito e encontrar soluções. Contudo, vai valer a pena. Você terá muito mais alegria quando eliminar da sua vida tudo o que o desagrada.

Ficamos presos às tarefas da vida por pensarmos que não temos nenhuma alternativa, mas a verdade é que, em geral, os problemas têm muito mais soluções do que julgamos. Se você gostaria de eliminar algumas tarefas da sua vida, mas não vê muitas opções, volte para o capítulo sobre discernimento (Capítulo 8) e verifique as sugestões apresentadas. Como em tudo na vida, esteja sempre disposto a mudar o modo como encara suas escolhas.

Se nenhuma das alternativas que você tem lhe agrada, você ficará com raiva ou ressentido do mesmo modo. Será uma escolha sua ver suas opções dessa maneira. Esse modo de encarar as coisas, contudo, não lhe trará muita alegria na vida. Se você conseguir encontrar uma ou duas soluções mais aceitáveis do que as outras e assumir uma atitude positiva, você estará no caminho certo para viver com muito mais alegria e contentamento.

Quando nada funciona e você não consegue mudar ou eliminar da sua vida as coisas de que não gosta, ainda existe uma alternativa: mudar a visão que você tem da tarefa em si. Uma maneira de ajudá-lo a fazer isso é reler o capítulo "Viva o dia de hoje". Se você usar a técnica de se concentrar inteiramente no que está fazendo, até as tarefas mais desagradáveis ficarão menos difíceis.

Num curso que eu dei na Bélgica, quando fizemos as atividades para encontrar novos modos de eliminar ou mudar as tarefas cotidianas desagradáveis, duas mulheres que eram amigas resolveram trocar suas tarefas. Uma detestava limpar a casa; a outra detestava ir ao supermercado. Elas fizeram então um plano em que uma realizaria as tarefas desagradáveis da outra. Elas ficaram encantadas ao encontrar uma solução tão fácil para algo que as havia atormentado durante anos. Eu detesto conferir meus extratos bancários, por isso revi meu orçamento e dei um jeito de contratar um contador, em vez de me impor essa tarefa mensalmente. No passado, me ofereci para servir de motorista a uma amiga, em troca de faxinas na minha casa. Você pode encontrar soluções para os aborrecimentos do dia-a-dia se exercitar sua criatividade, pedir a ajuda de outras pessoas e/ou mudar sua maneira de ver as coisas.

Exercício para eliminar o que você não gosta:

- O que você está fazendo na sua vida agora, ou regularmente, que realmente o desagrada? Faça duas listas: uma das coisas verdadeiramente detestáveis ou irritantes e outra das tarefas/aborrecimentos de que você não gosta, mas que não o impedem de ser feliz.
- Recorrendo às listas que fez anteriormente, pense no que você já fez para tentar mudar essas tarefas. Seja honesto. Você de fato já se esforçou para mudá-las ou simplesmente se conformou com o jeito como as coisas são?
- O que você pode fazer para mudar ou eliminar as atividades ou tarefas realmente aborrecidas? Seja criativo ao dar sua resposta.
- Quais dessas atividades precisam de uma mudança na sua atitude, ou seja, precisam que você se concentre nelas enquanto as realiza ou que as deixe de lado definitivamente?

> *"Aproveite a vida ao máximo; não fazer isso é um erro."*
> — Henry James

Estratégias para encontrar soluções:

- Se você não tem de realizar nenhuma tarefa ou atividade que o desagrade, dê parabéns a si mesmo! Ou você está um passo à frente com relação às outras pessoas, ou não está sendo muito honesto consigo mesmo.
- Use as técnicas para encontrar soluções apresentadas no Capítulo 8 para encontrar meios de mudar ou eliminar as coisas que o desagradam. Peça a ajuda de amigos e/ou parentes que possam estar interessados em fazer um intercâmbio criativo de tarefas.

- Se você descobrir que precisa fazer tudo pessoalmente, se quiser ver um trabalho bem-feito, esteja pronto para abrir mão da perfeição. O perfeccionismo causa um *stress* desnecessário na sua vida, além de geralmente vir acompanhado de ressentimento, raiva ou frustração.

Reflexões finais

Você pode eliminar da sua vida as coisas de que não gosta se estiver disposto a se empenhar para fazer algumas mudanças no modo como faz as coisas agora. Eis aqui quatro idéias-chave:

1. Faça um intercâmbio de tarefas e atividades;
2. Encontre maneiras de diminuir suas despesas e encontrar meios para resolver o que lhe causa grande tensão ou infelicidade.
3. Procure não ser tão perfeccionista; assim você vai ter mais tempo livre para fazer o que acha mais importante, e/ou
4. Mude o modo de encarar a atividade em si.

Quando você conseguir despender menos tempo na realização das tarefas mais aborrecidas, descobrirá que vive com mais alegria e com mais paz de espírito.

> *"Não é trabalho nosso fazer milagres, mas é nossa tarefa tentar."*
> — Joan Chittister

DEZOITO

Cultive o afeto e a compaixão

❧

Cultivar o afeto e a compaixão é imprescindível para que possamos envelhecer com alegria. É importante dar e receber amor, não importa a idade que tenhamos. Manter contato com os amigos, com a família, com os colegas e até com os nossos animais de estimação é extremamente importante. De acordo com uma pesquisa feita no início dos anos 90, as substâncias químicas liberadas pelas nossas emoções afetam todas as células do nosso corpo. Quando temos emoções positivas, em geral nos sentimos felizes e mais satisfeitos com a vida (e nos curamos com mais facilidade das doenças). Muita pesquisa tem sido feita sobre a importância das amizades e da família na cura das doenças.

Você pode estar se perguntando como cultivar mais o afeto e a compaixão. Basta que você *procure* amar sem impor condições. A maioria de nós não sabe fazer isso muito bem. Amar incondicionalmente é em geral mais fácil com animais de estimação do que com amigos e membros da família. (Afinal, os animais de estimação não respondem para nós e acabam fazendo o que queremos se querem ser alimentados!) Você consegue amar uma pessoa mesmo quando está com raiva ou com medo dela? Você consegue amar as pessoas mesmo quando elas não atendem às suas expectativas? Amar as pessoas e ter compaixão por elas é sinônimo de aceitá-las como elas são, mesmo que não mudem jamais, não façam o que você gostaria que fizessem ou não se comportem de uma determinada maneira. Você não tem que concordar com as crenças, comportamentos ou idéias dessas pessoas nem tolerá-las, mas sentir amor e compaixão por elas, do jeito que são no momento. Quando sente compaixão, você acredita que, seja como for que estejam se comportando, elas estão fazendo o melhor que sabem. Se elas estão se comportando de uma maneira que o desagrada, ter compaixão significa mostrar a elas que a vida pode ser muito mais difícil se elas continuarem se comportando da mesma maneira. É por isso que amar incondicionalmente é tão desafiador.

Muitos de nós aprendemos com os pais, a religião e a cultura a amar condicionalmente. A mensagem implícita era "Eu vou amar você se..." Embora eles possam de fato ter nos amado, até quando não sabíamos o que eles queriam de nós, a atitude deles era no que acreditávamos. (Os pais de hoje parecem saber expressar melhor o amor que sentem, mesmo quando o comportamento dos filhos os desagrada. Eles dizem, "Eu amo você *e* não gosto do modo como está se comportando".)

Cultivar o amor e a compaixão é o que precisamos, no campo emocional, para ter bem-estar a vida inteira, não só na idade madura. Com todas as opções que temos hoje para manter contato com as pessoas (pessoalmente, pelo telefone, pela Internet e por meio de organizações sociais, políticas e beneficentes), praticamente não existe desculpa para não encontrarmos um jeito de manter contato com as pessoas. Se fatores físicos ou financeiros dificultam nosso contato com elas, pense na hipótese de ter um animal de estimação. Os animais de estimação também podem ajudá-lo a exercitar o amor. As ligações de afeto que você mantém também o ajudam a despertar a sua compaixão.

> *"Para aqueles que envelheceram, a vida é mais doce."*
> — Sófocles

Quanto mais houver, na sua vida, pessoas a quem dar amor e de quem recebê-lo, mais rica ela se tornará. Com exceção daqueles que são verdadeiros ermitões ou solitários, a maioria das pessoas precisa da amizade e do apoio umas das outras. Ao mesmo tempo, todos nós temos nossas diferenças com relação ao tempo que precisamos passar em solidão e em companhia de outras pessoas. Quanto mais cultivamos o sentimento de amor e compaixão, mais somos capazes de receber amor e compaixão das outras pessoas. Abrir o coração em vez de fechá-lo é um gesto compensador que o ajudará a se sentir uma pessoa sem idade.

A empresa em que trabalhava uma amiga minha, Lori, a transferiu para outra cidade. Ela era solteira, introvertida e tinha duas irmãs que moravam nos fundos da casa dela. Embora conhecesse as pessoas com quem ia trabalhar, foi difícil para ela se enturmar. Ela se sentia isolada e isso lhe causou ansiedade, tristeza e solidão. Depois de perceber a importância de ter contato com as pessoas que amava, ela passou a se comunicar mais com as irmãs, convidou uma colega de trabalho para sair à noite e descobriu um grupo que fazia trabalhos voluntários para instituições beneficentes da região e que tinham os mesmos interesses que ela. Embora ela tenha custado para iniciar esses contatos, acabou ficando maravilhada com os resultados. Os novos amigos tornaram sua vida mais significativa e acabaram com a solidão em que ela vivia.

Exercício para cultivar o amor e a compaixão:
- Como é a sua relação com a família, os amigos, os colegas de trabalho e/ou os seus animais de estimação?
- Quem você ama incondicionalmente? Quem mais você quer acrescentar a essa lista?
- De quem você recebe um amor profundo e gratificante?
- Qual foi a última vez que você se abriu com seus entes queridos? Qual foi a última vez em que eles expressaram o amor que têm por você?
- Faça uma lista do que você pode fazer para cultivar seu amor e compaixão.

Estratégias para encontrar soluções:
- Se você está encontrando dificuldades para cultivar seu amor e compaixão pelas pessoas com quem convive, pergunte a si mesmo a razão. Pense no que pode fazer para melhorar essa situação. Se você não mora perto da sua família, concentre-se nos amigos. Se, por alguma razão, tem dificuldade para sair e ver amigos e familiares, use o telefo-

> *"Só os amigos lhe dirão as verdades que você precisa ouvir para tornar sua vida suportável."*
> — Francine du Plessix Gray

ne, o correio eletrônico e/ou peça às pessoas que lhe façam uma visita. Adote um gato ou cachorro de um abrigo de animais. Se você é alérgico a esses animais, tente um passarinho ou um peixinho de aquário. Ofereça-se como voluntário para fazer algo por quem precise.

- Se você acha que a sua lista ficou muito curta (seja a lista de pessoas que você ama ou a lista de pessoas que lhe têm amor), pense nos amigos e parentes que você gostaria de acrescentar a elas. Faça algo para mostrar que, hoje, você se importa com elas — escreva-lhes uma carta ou um *e-mail*, dê a elas um telefonema, visite-as ou mande-lhes uma pequena lembrança. Diga-lhes o quanto gosta delas.
- Se você não sente amor incondicional, o que você poderia pedir às pessoas à sua volta para que você sinta mais amor e aceitação?
- Se faz muito tempo que você não fala com seus amigos ou parentes, não receie estabelecer contato só por causa disso. Depois de procurá-los, tente manter contato *regularmente*. Pode ser que eles precisem de um tempo para reconhecer seu desejo sincero de manter contato com eles.
- Comece a fazer tudo isso agora e encontre maneiras de não perder o contato com as pessoas que ama. Não dê desculpas para acrescentar essa importante fonte de alegria à sua vida.

Reflexões finais

Os benefícios que você terá estabelecendo contato com as pessoas que ama superam em muito o esforço que isso exige. Eles também compensam o constrangimento ou a vergonha que você pode sentir, caso já tenha passado muito tempo desde a última vez que falou com seus amigos ou familiares. Quando converso com pessoas de idade que fizeram isso, a resposta em geral é: "Eu gostaria de ter feito isso antes!" Demonstrar amor e compaixão por todos à sua volta é algo que encherá seu coração de alegria, aumentando seu contentamento à medida que os anos passam.

DEZENOVE

Seja grato pelos
mínimos detalhes

❧

Uma das causas do remorso e da amargura na velhice é achar que se deixou de fazer isto ou aquilo ou que não se conquistou determinada coisa. As pessoas acham que deveriam ter conseguido uma certa promoção, que deveriam ter conhecido muitos lugares ou que tinham de ter ganho mais dinheiro. Parece que nós sempre queremos *mais* do que temos. Esse raciocínio, que nos faz viver muito mais no passado e no futuro do que no presente, nos faz perder de vista quem realmente somos no momento. Geralmente pensamos que as nossas conquistas materiais é que nos trazem felicidade e que é por elas que temos de nos lembrar de agradecer a Deus.

Nesse meio-tempo, esquecemo-nos de ser gratos pela nossa vida, do jeito que ela é no momento. Quando somos gratos por tudo o que temos, sentimos um contentamento que aumenta o nosso bem-estar. Você sabe que tem muitos tesouros diante de você e sabe valorizá-los. Olhe no espelho e veja a preciosidade que você é — a sabedoria que você adquiriu com todas as experiências da vida. Olhe à sua volta e observe tudo o que você tem, desde os bens materiais até os relacionamentos, e seja grato por eles. Pare de querer. Medite sobre todas as maravilhas que existem na sua vida neste exato momento.

Perceba os pequenos detalhes da vida que realmente contam. São eles que viabilizam os grandes acontecimentos. Um belo dia de sol é algo pelo qual temos de agradecer. Se seu filho ou neto lhe deu um sorriso ou abraço, seja grato. Se você está lendo um bom livro, seja grato pela sua visão e por ter algo tão fascinante diante de você. Quando estiver conversando com um amigo ao telefone, seja grato por essa amizade. Existem tantas pessoas, visões, sons e acontecimentos na vida diária pelos quais agradecer! Eles são simples detalhes da vida. Quando você for grato por eles, perceberá que tem muito mais alegria e contentamento na vida. Todos nós temos muitas coisas pelas quais agradecer. As recompensas da vida são muitas, se você notá-las e for grato por tudo o que você tem.

Pense em todos os pequenos detalhes da sua vida e constate quanto você já tem. Você pode querer mais ou alguma coisa diferente. Não há nada de errado nisso. A maioria das pessoas quer mais ou quer algo diferente, porque elas acham que o que têm não é suficiente. Perceba que o que você tem já está muito bom; seja grato e então tome providências para conseguir o que você quer, fazendo as mudanças necessárias para conseguir os resultados desejados. No entanto, é importante ser grato para ter um sentimento profundo de contentamento, em vez de buscar resultados fantasiosos que não lhe trarão nenhum benefício ou contentamento.

A primeira vez que comecei a prestar atenção nos meus objetivos e sonhos foi logo depois do meu divórcio. Até aquele momento, eu me contentava em deixar que as coisas acontecessem naturalmente. Depois de descobrir o poder da mente e a importância de ter objetivos, eu comecei a seguir na direção contrária. Eu estava preocupada demais em me tornar uma pessoa melhor e em melhorar minha qualidade de vida. Persegui meus sonhos com determinação. Também perdi a capacidade de ser grata pelas coisas que eu tinha. Esqueci de agradecer por todos os pequenos detalhes da minha vida que faziam dela uma vida perfeita naquele momento. Eu esperava que pudesse fazer coisas boas acontecerem e, quando a minha vida não estava tão boa quanto eu gostaria, eu ficava ressentida e desapontada.

Finalmente captei a mensagem e lembrei-me de como era maravilhoso fitar um pôr-do-sol, como os abraços aquecem o coração e como é sublime estar vivo e viver neste grande Universo. Agora, eu sou grata por pequenas coisas, muitas delas... até por conseguir a vaga perfeita num estacionamento lotado!

Exercício para ser grato pelos pequenos detalhes:
- Qual foi a última vez que você se sentiu cheio de gratidão pela vida? Em geral, com que freqüência você se sente grato?
- Pelo que e por quem você é grato? Você costuma agradecer só pelas grandes coisas da vida ou também agradece pelas pequenas?
- Você está feliz pela vida que tem hoje? Se não está, pelo que você é grato e o que acha que precisa mudar? O que você faz para provocar as mudanças necessárias que o façam se sentir grato por tudo que existe na sua vida?
- Mesmo que você não sinta gratidão por *tudo* o que existe na sua vida, você consegue encontrar algo, em cada aspecto da sua vida, pelo qual se sinta grato?

Estratégias para encontrar soluções:
- Se já faz muito tempo que você não sente gratidão, pare um momento e olhe à sua volta. Pense em tudo o que você tem e sinta-se grato por isso agora. Então, toda manhã ou noite, pare e passe alguns minutos agradecendo por tudo o que tem.
- Se você não consegue pensar em muita coisa pela qual agradecer, comece a fazer um "Diário da Gratidão". Todo dia, escreva no diário três ou quatro coisas que aconteceram e pelas quais você se sinta grato. Procure incluir também as pequenas coisas da sua vida.
- Se você não está feliz com a sua vida agora, comece voltando à primeira estratégia e agradeça por tudo o que você acha bom na sua vida agora. Depois decida o que quer mudar. Lembre-se, você só pode mudar você mesmo e as suas circunstâncias, portanto não adianta

"A vida é curta e cabe a você torná-la doce."
— Sadie Delany

anotar o que você quer mudar no seu cônjuge ou chefe. Você pode, entretanto, mudar as circunstâncias relacionadas com seu cônjuge ou chefe. Também pode mudar sua atitude com relação a eles, depois que tiver decidido o que quer mudar. Escolha a mudança que você acha mais importante e anote por escrito os passos necessários para realizá-la. Dê nesse mesmo dia o primeiro passo para tornar esse objetivo uma realidade. A cada dia, continue a fazer coisas que tragam o resultado que você quer. Lembre-se de agradecer por tudo o que acontecer nesse meio-tempo.

Reflexões finais

Para ser uma pessoa sem idade e ter alegria e paz de espírito, seja grato pelo que você tem. Comece agora a apreciar todos os pequenos detalhes bons da sua vida e a ser grato por eles. Existe, na vida, um "círculo de gratidão", assim como existe o "círculo vicioso". No círculo vicioso, uma coisa ruim leva a outra. No círculo da gratidão, uma coisa boa, pela qual somos gratos, leva você a outra. Muito em breve você notará muitas coisas maravilhosas e será grato por todas elas. Seu humor melhora, pois você toma consciência de todo o bem que existe na sua vida e sente o entusiasmo e o contentamento que a gratidão nos dá.

> *"A vida seria muito mais feliz se pudéssemos nascer com 80 anos e ir aos poucos chegando aos 18."*
> — Mark Twain

VINTE

Confiança — em si mesmo, na vida e em algo maior

❧

Como diz o ditado, só há duas coisas que nunca mudam na vida: a morte e os impostos. Mas não são os impostos que nós mais tememos (pelo menos não costuma ser...), mas sim o desconhecido que representa a nossa morte. Centenas de anos atrás, a morte era considerada uma parte natural da vida, assim como o nascimento. No entanto, em algum ponto da História, deixamos de pensar assim. A morte é uma parte da vida. Nós nos tornamos pessoas tão científicas, tão dominadas pelo lado esquerdo do cérebro, que achamos que poderíamos nos tornar imortais se ao menos descobríssemos a cura de todas as doenças e pudéssemos substituir partes do nosso corpo por mecanismos biônicos. Porém, mesmo que encontremos a cura para todas as doenças que existem, outras apareceriam. Mesmo que substituíssemos partes do nosso corpo por maravilhas tecnológicas de última geração, ainda assim chegaria o dia da nossa morte. Quando pudermos aceitar que um dia morreremos e entendermos num nível emocional profundo que a morte é uma parte natural da vida, conseguiremos viver em paz, em estado de graça e felizes em viver o momento presente.

O que temos de fazer é confiar — ter fé em nós mesmos, acreditar que estamos fazendo o melhor que podemos neste momento e que temos capacidade e aptidão para fazer tudo o que for necessário. Também precisamos confiar que, se não tivermos capacidade ou recursos interiores para fazer o que precisa ser feito, pelo menos saberemos onde encontrar ajuda. Também precisamos acreditar na vida, e isso significa aceitar nossa própria morte. Finalmente, precisamos ter fé em Algo Maior, numa ligação espiritual — independentemente do que isso significa para cada um de nós.

Acreditar em nós mesmos, em nossa capacidade, pode ser difícil se não tivermos autoconfiança. Essa é a base para confiarmos em nós mesmos. Porém, mesmo sem confiança em nós mesmos, ainda assim podemos acreditar que conseguiremos a ajuda ou os recursos de que precisarmos.

Ter fé na vida é um pouco mais complicado. Todos nós temos uma grande necessidade de controlar as circunstâncias e isso nem sempre é possível. Existem muitas variáveis que estão bem além do nosso controle. Para combater esse desejo de controlar a vida, simplesmente faça o seu melhor, execute o trabalho duro que é necessário para conseguir o que deseja, e deixe de lado as expectativas quanto aos resultados. Quando você tem essa atitude, a vida fica mais fácil. Você não critica os resultados finais; você só os vê como um passo na sua trajetória, percebendo que pode dar outro passo para corrigir o curso dos acontecimentos.

Confiar na vida é aceitar o fato de que você morrerá um dia. Quando conseguimos compreender a morte sem temê-la, podemos viver a vida com alegria e confiança. A vida é feita de fluxos e refluxos. Um dia tudo chega ao fim. Você pode continuar fisicamente ativo se praticar exercícios. Por exemplo, fazendo alongamento, aeróbica, musculação, caminhada ou ioga você manterá seu corpo em forma. Pode aumentar sua agilidade mental se exercitar o cérebro. Por exemplo, se participar de jogos, fizer palavras cruzadas ou aprender alguma coisa nova, você vai exercitar a mente. Você pode se sentir mais vivo emocionalmente se exercitar seu coração estreitando seus laços com as outras pessoas. Porém, chegará o dia em que você não conseguirá mais fazer o que fazia antes. Seu corpo e sua mente mudarão à medida que você envelhece. Não importa em que forma estejam seu corpo e sua mente; de qualquer modo, um dia você vai morrer.

"Nada pode ser adiado; encontre a eternidade em cada momento."
— Henry David Thoreau

Você pode viver com medo desse dia ou pode aceitar a morte como uma parte natural da sua existência. Embora para muitas pessoas seja natural temer a morte, você não pode deixar que esse medo domine a sua vida. Quando você permite que ele influencie todo o seu mundo, ele acaba atingindo tudo o que você faz, pensa e sente. Algumas pessoas param de viver muito tempo antes de morrer, pois elas têm medo da morte. Elas colocam rédeas curtas e limites em suas escolhas — não se arriscam a viver uma nova aventura por causa desse medo difuso. Quando você aceita que um dia morrerá e simplesmente continua vivendo e aproveitando a vida, um sentimento de paz acaba crescendo dentro de você. Confiar na vida, desde o nascimento até o dia da morte, pode ajudar você a viver o momento, envelhecendo com alegria, serenidade e confiança.

Muitas pessoas perderam completamente a fé em Algo Maior ou em sua conexão espiritual. (Use o nome que mais o agradar: Deus, o Criador, Buda, o Espírito Santo, O Universo, Alá, Jesus, Tudo o Que É, A Fonte, a Mãe Terra, o Nosso Pai, Espírito, etc.) Por que elas perderam a confiança? À medida que foram se aproximando da idade adulta, elas foram sendo iludidas pelas regras, procedimentos e rituais, gerando culpas, vergonha ou medos que deturparam essa crença. Se você perdeu a fé no Espírito, tente sair desse paradigma obsoleto que o impede de acreditar. Encare o espírito de uma perspectiva maior.

O Espírito acolhe todas as religiões do mundo; nunca as coloca umas contra as outras. À medida que envelhecemos, é importante nos lembrar da nossa conexão espiritual. Seja você membro de uma comunidade religiosa ou não, o importante é que você cultive sua relação espiritual viva, sem nunca deixá-la de lado à medida que os anos passam. Quando você cultiva essa conexão, seja ela qual for, isso gera um contentamento em você que independe do que esteja acontecendo na sua vida no momento.

Vivi durante muitos anos sem me dar conta dessa ligação espiritual. Cresci no seio de uma família com formações religiosas variadas, mas sem ter muita noção dessa ligação espiritual nem muita reverência pela grandeza da vida. Por isso, nunca recebi a base que poderia me levar ao reino espiritual da vida. No meu entender, isso era uma desvantagem, embora os amigos que haviam recebido uma educação religiosa achassem que essa educação era sufocante e gostariam que nunca a tivessem recebido. De todo jeito, alguns de nós podem descobrir que restabelecer essa conexão é um verdadeiro desafio.

Para mim, tudo começou com uma aula que me abriu para uma ligação espiritual maior. Então um dia, eu senti o significado e o poder do Espírito como um raio. Desde essa época, eu me permito confiar nos resultados dos acontecimentos da minha vida. Isso ajudou a amenizar o meu *stress*. Não me preocupo tanto quanto antes (sim, eu ainda me preocupo!) e em geral chego ao ponto de poder dizer, "Tudo bem, deixe estar... Fiz o melhor que pude. Agora, tenho de esperar e ver os resultados".

Ter fé no Espírito e manter viva sua ligação espiritual são atitudes que aliviarão sua dor, lhe darão paz de espírito e o ajudarão a encontrar alegria à medida que envelhece.

"A juventude do Coração, da Alma e da Mente dura para sempre."
— Jean Paul Friedrich Richter

> *"É só quando você começa a ter uma compreensão espiritual de quem você é que você começa a assumir o controle."*
> — Oprah Winfrey

Exercício para confiar:
- Até que ponto você confia nas suas próprias capacidades? Até que ponto você confia na sua capacidade de encontrar ajuda se isso for necessário?
- Você confia na vida? Confia que tudo vai ficar bem, mesmo que as coisas não sejam sempre como você gostaria?
- Você aceita a sua própria mortalidade?
- Você se sente espiritualmente conectado? Você confia no Espírito? Como você descreveria sua confiança e fé?

Estratégias para encontrar soluções:
- Em que áreas você gostaria de se sentir mais capaz? Faça uma lista delas e pense no que poderia fazer para melhorar suas habilidades.
- Se você descobrir que não confia que as coisas ficarão bem, recorde alguns acontecimentos ou circunstâncias do passado em que os resultados não foram o que você esperava. Use esses acontecimentos como prova de que, embora as coisas não tenham saído como você queria, você conseguiu sobreviver (e, espera-se, aprendeu algo de valioso também).
- Se você não consegue aceitar sua própria mortalidade, vá a um asilo e converse com os internos. Leia livros que falem de pessoas que ficaram frente a frente com a morte e fizeram isso com graça e elegância.
- Se você está feliz em ser membro de uma comunidade religiosa ou espiritual, então talvez você queira ser mais participante. Se você abandonou toda e qualquer religião por causa de suas associações negati-

vas, procure conhecer as comunidades espiritualistas da sua região e/ou leia livros sobre a religião e filosofia do Oriente e do Ocidente. Pergunte a amigos íntimos a respeito do grupo religioso ou espiritualista a que eles pertencem e junte-se a eles, caso sinta alguma afinidade por ele. Aprenda a meditar e estabeleça você mesmo sua ligação espiritual.

Reflexões finais

Confiar em si mesmo, confiar na vida e confiar no Espírito são coisas que ajudarão você a dar um rumo à sua vida. Aceitar a sua mortalidade e perceber que tudo tem um fim nesta vida garantirão a você a serenidade necessária para envelhecer com graça, paz de espírito e alegria — ou seja, tornar-se uma pessoa sem idade.

RESUMO

O final do começo

Agora que você chegou ao fim deste livro, fez os exercícios e/ou usou as estratégias para encontrar suas próprias soluções, espero que tenha conseguido entender melhor a si mesmo e às maneiras de se tornar uma pessoa sem idade.

Existe um ditado segundo o qual "saber é poder". O saber, no entanto, é só a base do verdadeiro poder. Sozinho, ele não mudará seu jeito de ser ou o modo como as outras pessoas o vêem. O saber não dará a você os ingredientes para se sentir o sábio ancião que você pode ser. A segunda parte, igualmente importante, da aquisição do poder de que você precisa para envelhecer com sucesso é aplicar esse saber. Em outras palavras, "Simplesmente aja!" Comece a de fato fazer as mudanças no seu jeito de ser/ter e reflita se está aproveitando este livro ao máximo. Se você quer envelhecer com alegria, comece o processo sem demora.

Volte ao Sumário e assinale os capítulos mais significativos para você; aquelas idéias que mais lhe causaram impacto. Será o capítulo sobre respeitar seu corpo e a sua idade ou sobre a descoberta da essência das suas alegrias? Talvez seja a lembrança de confiar na vida ou de assumir a responsabilidade por si mesmo. Quais foram os tópicos que mais prenderam sua atenção? Trate cada um deles *separadamente* e elabore um novo jeito de ser. Preste atenção nas ocasiões em que diz ou faz algo conforme seus velhos padrões. Não se torture só porque deu um escorregão — todos nós fazemos isso de vez em quando. Só não deixe de reparar no que fez no mesmo instante e de se corrigir, fazendo certo dessa vez. Volte atrás e faça ou diga a coisa de um jeito diferente, de acordo com a sua *nova* maneira de ser. Nós mudamos quando passamos a praticar uma nova atitude...e isso significa muita *prática*, *paciência* e *persistência*. Não desanime caso seja mais difícil do que você pensava. Pense em quanto tempo levou para você ficar do jeito como é hoje... portanto, evidentemente, vai levar algum tempo até conseguir mudar definitivamente.

O importante é lembrar que você já deu o primeiro passo ao terminar a leitura deste livro. Continue a *se concentrar apenas no passo seguinte*, lembrando-se dos seus objetivos, mas sem desperdiçar seu tempo se preocupando com a possibilidade de não atingi-los. Você chegará lá se usar os três "ps" que mencionei no parágrafo anterior: prática, paciência e persistência!

Dê a largada escolhendo o tópico mais importante para você e fazendo dele um objetivo para mudar seus pensamentos e comportamento, de modo que eles sejam um reflexo desse aspecto do envelhecimento sem idade. Elabore esse tópico numa frase afirmativa e depois tome nota do que você imagina que sentirá quando alcançar seu objetivo. Por exemplo, "Sinto-me entusiasmado e feliz quando estou tomando decisões vitoriosas". Leia essa afirmação todos os dias, de manhã e à noite, para reforçar sua motivação. Toda vez que tomar uma decisão vitoriosa ou apoiar a si mesmo, dê a si mesmo uma pequena recompensa. Faça isso durante pelo menos um mês. Então passe para outro objetivo.

É assim que se faz: um passo de cada vez. Tenha sempre em mente como você se sente bem quando age ou pensa de um modo que lhe possibilita envelhecer com alegria, vitalidade e confiança. Lembre-se das qualidades que temos de perseverar e de dar afeto, que contribuem para que você seja uma pessoa sem idade.
Você pode...eu sei que pode!

Bênçãos!

Suzy Allegra

Sugestões de leitura

Baron, Renee & Wagele, Elizabeth. *The Enneagram Made Easy*. San Francisco: HarperSan Francisco, 1994

Brian, Cynthia. *Be the Star You Are: 99 Gifts for Living, Loving, Laughing and Learning to Make Difference*. Berkeley, CA: Ten Speed Press, 2001

Cameron, Julia. *The Artist's Way: a Spiritual Path to Higher Creativity*. Los Angeles, CA: Jeremy P. Tarcher/Perigee, 1992

Carter, Jimmy. *The Virtues of Aging*, New York: The Ballantine Publishing Group, 1998

Casey, Karen. *Keepers of the Wisdom: Reflections from Lives Well Lived*. Center City, MN: Hazelden, 1996.

Chopra, Deepak, M.D. *Ageless Body, Timeless Mind: The Quantum Alternative to Growing Old*. Nova York: Harmony Books, 1993.

Cohen, Gene D., M.D., *The Creative Age*. Nova York: HarperCollins Publishers, 2000

Dass, Ram. *Still Here: Embracing Aging, Changing and Dying*. Nova York: Riverhead Books, 2001

Dychtwald, Ken, Ph. D. & Flower, Joe. *AgeWave*. Nova York: Bantam Books, 1990.

Friedan, Betty. *The Fountain of Age*. Nova York: Touchstone/Simon & Schuster, 1994

Gawain, Shakti. *Creative Visualization*. Berkeley, CA: Bantam Books, 1978 [*Visualização Criativa*, publicado pela Editora Pensamento, São Paulo, 1990.]

Gerike, Ann E. Ph.D. *Old is Not a Four-Letter Word*. Watsonville, CA: Papier-Mâché Press, 1997

Hendricks, Gay e Kathleen. *Conscious Loving: The Journey to Co-Commitment*. Nova York: Bantam Books, 1990

Huss, Sally. *The Happy Book: 30 Fun-Filled Exercises for Greater Joy*. Berkeley, CA: Ten Speed Press, 2000

Jeffers, Susan J. *Feel the Fear and Do It Anyway*. San Diego, CA: Harcourt Brace Jovanovich, 1987 [*Como Superar o Medo*, publicado pela Editora Cultrix, São Paulo, 1991.]

Jensen, Eric. *The Little Book of Big Motivation*. Nova York: Fawcett Columbine, 1995

Kramp, Erin e Douglas. *Living with the End in Mind*. Nova York: Three Rivers Press, 1998

Louden, Jennifer. *The Woman's Comfort Book*. San Francisco, CA: HarperSanFrancisco, 1992

Maggio, Rosalie. *Quotations from Women on Life*. Paramus, NJ: Prentice Hall, 1997.

McKay, Matthew, Ph.D. & Fanning, Patrick. *The Daily Relaxer*. Oakland, CA: New Harbinger Publication, 1997

Northrup, Christine, M.D. *The Wisdom of Menopause: Creating Physical and Emotional Health and Healing During the Change*. Nova York: Bantam Books, 2001

Rechtschaffen, Stephan, M.D. *Timeshifting: Creating More Time to Enjoy Your Life*. Nova York: Doubleday, 1997

Roizen, Michel F., M.D. *RealAge*. Nova York: Cliff Street Books, 1999

Sark. *Living Juicy: Daily Morsels for Your Creative Soul*. Berkeley, CA: Ten Speed Press, 1993

Sher, Barbara. *Wishcraft: How to Get What You Really Want*. Nova York: Viking Press, 1979

Simon, dr. Sidney B., Howe, dr. Leland W., & Kirschenbaum, dr. Howard. *Values Clarification*. Nova York: Warner Books, Inc., 1995

Stoddard, Alexandra. *Grace Notes*. Nova York: Avon Books, 1994

Von Oech, Roger. *A Whack on the Side of the Head*. Nova York: Warner Books, Inc., 1990

Weil, Andrew, M.D. *Natural Health, Natural Medicine*. Boston, MA: Houghton Mifflin Company, 1990